Rasmus Björn Anderson

Die erste Entdeckung von Amerika

Eine historische Skizze der Entdeckung Amerikas durch die Skandinavier

Rasmus Björn Anderson

Die erste Entdeckung von Amerika
Eine historische Skizze der Entdeckung Amerikas durch die Skandinavier

ISBN/EAN: 9783743697560

Hergestellt in Europa, USA, Kanada, Australien, Japan

Cover: Foto ©ninafisch / pixelio.de

Weitere Bücher finden Sie auf **www.hansebooks.com**

Sammlung
gemeinverständlicher wissenschaftlicher Vorträge,

Herausgegeben von

Rud. Virchow und **Fr. von Holtzendorff.**

Neue Folge. Dritte Serie.
(Heft 49—72 umfassend.)

Heft 49/50.

Die erste Entdeckung von Amerika.

Eine historische Skizze der Entdeckung Amerikas durch die Skandinavier

von

Rasmus B. Anderson,
Minister der Vereinigten Staaten.

Autorisirte Uebersetzung von Mathilde Mann.

Hamburg.
Verlag von J. F. Richter.
1888.

 Es wird gebeten, die anderen Seiten des Umschlages zu beachten.

Abonnements-Einladung!
Deutsche Zeit- und Streit-Fragen
Flugschriften zur Kenntniß der Gegenwart.

In Verbindung mit
Prof. Dr. v. Kluckhohn, Redacteur A. Lammers,
Prof. Dr. J. B. Meyer und Prof. Dr. Paul Schmidt

herausgegeben von
Franz von Holtzendorff.

☞ **Neue Folge. Dritter Jahrgang.** ☜
(Heft 33—48 umfassend.)
☞ Im Abonnement jedes Heft nur 75 Pfennig. ☜

In diesem dritten Jahrgange der Neuen Folge werden vorbehaltlich etwaiger Abänderungen im Einzelnen folgende Beiträge erscheinen:

Loewenthal (Lausanne), Die Aufgaben der Medicin in der Schule.
Michel (Köln), Lessing und die heutigen Schauspieler.
Ratorp (Essen), Wirthschaftslehre und Gesetzeskunde im Schulunterricht.
Ratzel (Leipzig), Die praktische Bedeutung der Handelsgeographie.
v. Holtzendorff (München), Staatsmoral und Privatmoral.
v. d. Decken (Itzehoe), Das vorbestimmte Recht.
Jende (Gera), Ueber die Einführung der Volkswirthschaftslehre in den öffentlichen Volksschulunterricht.
Hammer (Stuttgart), Nullmeridian und Weltzeit.
Kirchner (Berlin), Ueber Gemüthsbildung.
Oelsner (Frankfurt), Ueber den volkswirthschaftlichen Unterricht.
Breitenbach (Bonn), Gang der kolonialpolitischen Entwickelung.
Ewald (Wien), Die wirthschaftliche Bedeutung des russischen Asiens.
Brons (Emden), Ueber die gemeinsame Erziehung beider Geschlechter an den höheren Schulen.
Laas (Straßburg i. E.), Idealistische und positivistische Ethik.
von der Lage (Berlin), Das Unterrichtswesen und die Erziehungsideale des spanischen Amerika.

In den früheren Serien der „Sammlung" wissenschaftlicher Vorträge erschienen:
Kulturgeschichte und Alterthumswissenschaft.

(78 Hefte, wenn auf einmal bezogen à 50 ₰ = 39 M. Auch 24 Hefte und mehr dieser Kategorie, nach Auswahl [wenn auf einmal] à 50 ₰.)

Alsberg, Die Anfänge der Eisenkultur (476/477) M. 1.50; **Angerstein**, Volkstänze im deutschen Mittelalter. 2. Aufl. (53) 75 ₰; **Bayer**, Die Entstehung der deutschen Burschenschaft (412) M. 1; **Buchner**, Der Rhein, der Deutschen Lieblingsstrom (250) 75 ₰; **Deckert**, Die civilisatorische Mission der Europäer unter den wilden Völkern (364) 75 ₰; **Dierks**, Die arabische Kultur im mittelalterlichen Spanien (N. F. 32) 80 ₰; **Diestel**, Die Sintflut und die Flutsagen des Alterthums. 2. Aufl. (137) 75 ₰; **Doehler**, Die Orakel (150) 60 ₰; **Eyssenhardt**, Aus dem geselligen Leben des siebenzehnten Jahrhunderts (469) 80 ₰; **Flach**, Der Tanz bei den Griechen (360) 75 ₰; **Fraas**, Die alten Höhlenbewohner (168) 60 ₰; **Frey**,

(Fortsetzung Seite 3 dieses Umschlages.)

Die erste Entdeckung von Amerika.

Eine historische Skizze der Entdeckung Amerikas
durch die Skandinavier

von

Rasmus B. Anderson,
Minister der Vereinigten Staaten
in Dänemark.

Autorisirte Uebersetzung von **Mathilde Mann.**

Hamburg.
Verlag von J. F. Richter.
1888.

Das Recht der Uebersetzung in fremde Sprachen wird vorbehalten.

Für die Redaktion verantwortlich: Dr. Fr. v. Holtzendorff in München.

Der Zweck der folgenden Blätter ist, dem Leser einen kurzgefaßten Bericht zu geben von den Reisen, welche die Skandinavier in längst entschwundenen Tagen nach Amerika unternommen, sowie von ihren Ansiedlungen in jenem Erdtheil; sie sollen ferner den Nachweis führen, daß Columbus, bevor er seine Entdeckungsreise antrat, genaue Kenntniß von der Entdeckung Amerikas durch die Skandinavier gehabt haben muß.

Der Verfasser ist darauf vorbereitet, daß er auf diesen Blättern Behauptungen aufstellen wird, welche mit den Vorstellungen, die sich der Leser über verschiedene Dinge gebildet, in Widerspruch gerathen werden. Dies gilt hauptsächlich von verschiedenen historischen Thatsachen.

Das Interesse, mit welchem man eine historische Darstellung liest, ist stets durch das Verhältniß bedingt, in welchem der behandelte Gegenstand zu dem Vaterlande des Lesers oder zu dem seiner Vorfahren steht.

Der Amerikaner verweilt mit Vorliebe bei der Geschichte Amerikas. Er bewundert die Energie, den Muth und die Ausdauer, mit welcher seine Vorfahren den Kampf gegen die Gefahren und Schwierigkeiten aufnahmen, die ihnen entgegentraten, als sie sich in dem neuen Welttheil niederließen, — seine Seele ist erfüllt von Stolz und Begeisterung, wenn er von den Leiden und Siegen seiner Landsleute liest, die den Revolutionskrieg kämpften, um nicht nur ihre eigene, sondern auch seine Freiheit zu erringen.

Der Skandinavier liest mit derselben Vorliebe die alten Sagen und Gesänge; er folgt mit Interesse den Vikingern auf ihren verwegenen, siegreichen Fahrten durch die europäischen Gewässer, er begeistert sich an den schönen und poetischen Mythen und Sagen von Odin, Thor, Balder, Loke, Jætten Ymer, Ragnarok und der unzähligen Heerschar göttlicher Heroen, an denen die Geschichte seines Volkes so reich ist, und die wie glänzende Sterne an dem Himmel längst entschwundener Zeiten strahlen.

Das Thema, welches hier behandelt werden soll — die Entdeckung Amerikas —, vorausgesetzt, daß es so behandelt wird, wie es sollte und müßte, macht eben so viel Anspruch auf das Interesse der Amerikaner wie auf das der Skandinavier. Wer auf dem fruchtbaren Boden von Columbia geboren ward und unter den schattigen Zweigen des amerikanischen Freiheitsbaumes aufwuchs, dort wo das Banner des Fortschrittes und der Aufklärung im Winde weht, — der wird unwillkürlich ein tiefes Interesse für alles empfinden, was die erste Entdeckung und Urbarmachung es Vaterlandes betrifft. Auf der anderen Seite können Alle, welche das Licht der Welt zwischen Norwegs schneebedeckten Felsen, an Schwedens Seen oder an den buchenbewaldeten Küsten Dänemarks erblickt, und denen noch ein Tropfen des heldenmüthigen Blutes ihrer beherzten Vorfahren in den Adern rollt — nicht umhin, mit einem ebenso großen Interesse den Erzählungen zu lauschen, welche berichten, daß ihre eigenen Vorfahren, die kecken Nordländer, die ersten weißen Männer waren, die den Fuß auf den Boden des neuen Welttheils gesetzt, und es muß ihnen daran gelegen sein, daß dieser Ruhm ihrem Vaterlande erhalten bleibt.

Dieses Thema hat auch für die Deutschen insofern ein gewisses Interesse, als es sich in der Folge zeigen wird, daß der erste Name[1] der neuen Welt eng verknüpft war mit einem

Deutschen," der sich auf dem ersten Zuge der Skandinavier in deren Gefolge befand. Auch ist es ohne Zweifel ein Deutscher gewesen, dessen Schrift über die Skandinavier Columbus die ersten, unschätzbaren Aufschlüsse über Amerika gegeben. Die Walen haben ebenfalls ein Interesse an diesem Thema, denn man nimmt allgemein und nicht ohne Grund an, daß die Vorfahren derselben unter der Anführung von Madoc im Jahre 1170 eine Kolonie in Amerika gründeten. Dies war freilich 117 Jahre nach den Nordländern, aber doch immer noch 322 Jahre vor Columbus, und deswegen können die Nordländer wohl beanspruchen, daß die Walen Partei für sie und gegen Columbus ergreifen.

Wir könnten vielleicht auch noch die Irländer als für diese Sache interessirt anführen, indem wir uns auf einen Bericht in der Eyrbyggja-Sage (Kapitel 64) stützen. Im Jahre 1029 reiste nämlich ein isländischer Kaufmann, Namens Gudleif Gudlaugsson, nach Dublin, und als er Irland verließ, um wieder nach Island heimzukehren, erfaßte der Nordostwind sein Fahrzeug und trieb dasselbe weit fort gen Südwesten, wo kein Land mehr zu erblicken war. Es war schon spät im Sommer, und Gudleif und seine Leute thaten manch' frommes Gelübde, um dem Meere zu entrinnen, und so geschah es denn, daß sie Land in Sicht bekamen, aber sie wußten nicht, welches Land es war. Da beschlossen sie denn, dorthin zu segeln, denn sie waren des langen Kampfes mit den Elementen müde. Sie fanden einen guten Hafen vor, und als sie sich eine Weile am Lande aufgehalten hatten, kamen Leute zu ihnen. Sie kannten sie nicht, aber es kam ihnen vor, als gleiche ihre Sprache dem Irischen.

Der Theil von Amerika, in welchem Gudleif Gudlaugsson landete, und der aller Wahrscheinlichkeit nach die Gegend südlich von der Chesapeake-Bucht — Nord- und Süd-Carolina, Georgia und Ostflorida umfassend, — gewesen sein wird, heißt in Thorfinn Karlsæmnes Sage „Irland it mikla", d. h. Groß-Irland. Man vermuthet, daß dies Land diesen Namen erhalten, weil es, lange bevor Gudleif dorthin verschlagen ward, von den Irländern angebaut worden war, und unter dieser Voraussetzung war es auch ein ganz natürlicher Name, umsomehr, als das große, fruchtbare Land in dem neuen Erdtheile so viele Aehnlichkeit mit Erin's grüner Insel hatte. Diese Annahme ist durchaus nicht unwahrscheinlich, denn die Irländer, die gegen Ende des achten Jahrhunderts mehrere hundert Meilen segelten, um Island zu besuchen und sich dort niederzulassen, — die wir um das Jahr 725 auf den Faröern treffen, und die im zehnten Jahrhundert regelmäßig zwischen Island und ihrer Heimath segelten, — ein Volk, das so vertraut war mit der See, konnte wohl eine Fahrt über den atlantischen Ozean unternehmen.

Ich will hier nicht auf etwaige Ansprüche der Irländer eingehen, doch kann man ein Thema wie die Entdeckung von Amerika nicht wohl behandeln, ohne der smaragdgrünen Insel zu gedenken, die zu ihrer Zeit eine Schule für Westeuropa und dessen kühne Söhne war.

„Inclyta gens hominum, milite, pace, fide," wie Bischof Donatus sagt.

II.

Vor nicht gar langer Zeit nahm man allgemein an, daß die Europäer vor Columbus' Entdeckung keine Ahnung von dem Vorhandensein des neuen Welttheils gehabt hätten; die Forschungen gelehrter Männer haben es indessen außer Zweifel gestellt, daß die Europäer Kunde von fernen, im Westen gelegenen Landen hatten und zwar lange vor Lebzeiten des Columbus, und man hat sogar, auf Grund von ziemlich unzweideutigen Thatsachen, die Behauptung aufgestellt, daß ein Theil der Völker, welche Amerika zur Zeit der Entdeckung durch die Spanier bewohnten, von europäischer Abstammung seien.

Bis dahin haben nur wenige Männer der Wissenschaft in dieser Angelegenheit ihren Blick auf Nordeuropa gelenkt, was zur Folge gehabt hat, daß die meisten Gelehrten der großen Nationen des Lichts entbehren mußten, welches von diesem entlegenen Theil der Erde auf dies Thema geworfen ist.

Die alten, schriftlichen Ueberlieferungen des Nordens enthalten eine Reihe unanfechtbarer Beweise für die Thatsache, daß die Küste von Nordamerika in der letzten Hälfte des zehnten Jahrhunderts entdeckt wurde und zwar unmittelbar nach der Entdeckung Grönlands durch die Nordländer, daß ferner diese Küste im Laufe des elften Jahrhunderts zu verschiedenen Malen von den Nordländern besucht ist, daß diese auch im zwölften Jahrhundert Reisen dahin unternahmen, ja, daß sie die Küste im dreizehnten Jahrhundert von neuem entdeckten und sie im vierzehnten abermals mit ihren Schiffen besuchten. Und ferner geht aus den alten nordischen Ueberlieferungen hervor, daß das Christenthum in Nordamerika eingeführt war, und zwar nicht allein unter den Nordländern, die sich dort angesiedelt hatten, sondern auch unter den Eingeborenen, mit denen diese in Berührung kamen.

Es ist nicht die Schuld der nordischen Gelehrten, daß man diesen Thatsachen nicht die nöthige Aufmerksamkeit geschenkt hat, denn schon im Jahre 1705 veröffentlichte Torfeus einen Bericht darüber, und auch Suhm und Schöning, Lagerbring, Wormskjold und Schröder, sowie viele Andere erwähnten die wichtigsten hierher gehörenden Fakta in ihren historischen Werken. Aber die anderen Nationen nahmen keine Notiz davon. Erst nachdem der berühmte Professor Rafn auf Veranlassung der Königlichen Gesellschaft für nordische Alterthümer sein gelehrtes, interessantes und bedeutendes Werk „Antiquitates Americanae" herausgegeben, ließen sich die Gelehrten außerhalb Skandinaviens bewegen, die Ansprüche der Nordländer als erste Entdecker Amerikas genauer zu untersuchen.

Professors Rafns Bemühungen wurden mit Erfolg gekrönt, und ihm gebührt der Ruhm, den anderen Nationen klar gemacht zu haben, wie wichtig das Studium der altnordischen Literatur ist. Erst in neuerer Zeit haben die Gelehrten anderer Nationen ihre Aufmerksamkeit auf die Alterthümer, auf die Sprache und Geschichte des Nordens gelenkt. Deutschland, England und auch Amerika fangen jetzt an, einzusehen, wie viel werthvollen Stoff diese Quellen zur Beleuchtung der Geschichte synchronistischer Völker liefern, und wie besonders die nordischen Sagen reich sind an unschätzbaren Beiträgen für das Studium der Sitten und Gebräuche, welche im Mittelalter in Deutschland und England herrschten. Augenblicklich sind denn auch die Deutschen wie die Engländer auf das Eifrigste mit der Uebersetzung dieser Sagen beschäftigt. Die Professoren Conrad Maurer und Th. Möbius arbeiten mit unverdrossenem Eifer und seltener Tüchtigkeit, in Oxford, sowie in Cambridge sind isländische Professoren angestellt, und an verschiedenen Universitäten in Amerika werden die nordischen Sprachen getrieben.

Es ist erfreulich zu sehen, wie die großen Nationen allmählich zu der Einsicht gelangen, von welch großer Wichtigkeit das Studium der nordischen Sprachen und Literatur ist, und man darf wohl hoffen, daß die Zeit nicht fern liegt, in welcher die Nordländer in Bezug auf ihren sozialen, politischen und literären Charakter richtig beurtheilt werden und man ihnen den Platz einräumt, der ihnen in der Geschichte der Entdeckungen als Vorgängern des Columbus gebührt.

*)

III.

Ehe sich noch Europa von dem Meere der Urzeit abgesondert, war nach Louis Agassiz's Ansicht das Festland von Amerika bereits aus der Wasserwüste, die sich über den ganzen Erdball erstreckte, aufgetaucht und mit lebenden Wesen bevölkert. Die sogenannte neue Welt ist mithin in Wirklichkeit die alte, und Agassiz führt verschiedene Beweise für das ungeheuer hohe Alter derselben an.

Wer aber vermag etwas darüber anzugeben, wann dieser Erdtheil zuerst von Menschen bewohnt ward? Bis zum Schluß des zehnten Jahrhunderts ist seine Geschichte dunkel und zweifelhaft. Wir finden Spuren einer niederen Kultur, die sich scheinbar unendlich weit zurückführen lassen, da sind Grabhügel, Denkmäler und Inschriften, die so alt zu sein scheinen, daß Kronos selber schwindlig werden müßte, wenn er darüber nachdächte, aber unter allen diesen großartigen, oft imponirenden Denkmälern ist nicht ein einziges, welches die Frage nach ihrem Ursprung hinreichend beantwortet.

Es giebt auch nur wenige Traditionen, auf die wir uns bei unseren Forschungen stützen könnten, und wir gelangen nur zu dem Schluß, daß sich die Stämme und Nationen im Laufe der Jahrhunderte nacheinander zu ruhmvoller Größe emporgeschwungen haben, um wieder zu sinken und zu fallen, und daß Barbarei und eine rohe Kultur abwechselnd das Scepter geführt haben.

IV.

In alten Zeiten betrachteten die Menschen den atlantischen Ozean — wie alles, wovon sie die Grenzen nicht kannten — mit einer Mischung von Angst und Ehrfurcht. Man hatte ihm den Namen „das Meer der Finsterniß" gegeben.

Daß die alten Phönizier und die Tyrer Reisen nach Amerika

unternommen, ist eine Annahme, welche zahlreiche Vertreter gefunden hat, und es ist auch viel wahrscheinlicher, daß die ersten Menschen, die nach Amerika kamen, über den atlantischen Ozean dorthin gelangten, als daß sie durch die Behringsstraße gesegelt und über die eisigen, nördlichen Länder vorgedrungen sein sollten. Von den Kanarischen Inseln, welche die Phönizier entdeckten und bebauten, ist der Weg bis Amerika nicht weit, und nachdem die kühnen Segler des Mittelmeers erst bis dahin gelangt waren, konnten sie ohne große Gefahr und mit Leichtigkeit die Küste von Amerika erreichen.

Daß der Grieche Pytheas, dessen Entdeckung von der ungleichen Länge der Tage unter den verschiedenen Himmelsstrichen in so hohem Grade das Staunen seiner Zeitgenossen erregte, schon im Jahre 340 v. Chr. den atlantischen Ozean befahren, liegt außer allem Zweifel. Er entdeckte Thule (Island) und bestimmte dessen Breitengrade, so daß wir wohl die Behauptung aufstellen können, daß er durch diese Entdeckung den Weg von den Nordländern nach Amerika erschlossen hat.

Sowohl die Irländer als auch die Walen haben die Ehre für sich beansprucht, vor Columbus über den atlantischen Ozean gesegelt zu sein und Amerika entdeckt zu haben. Es ist indessen nicht meine Absicht, in diesem kurzen Abriß auf die Berechtigung dieser Ansprüche näher einzugehen. Es ist viel über diese Frage hin- und hergestritten worden, aber es liegt ein zu tiefes Dunkel über der ältesten Geschichte von Amerika, und erst gegen Ende des zehnten Jahrhunderts können wir mit Sicherheit eine Fahrt über den atlantischen Ozean nachweisen.

V.

Die erste Reise nach Amerika, über welche wir zuverlässige Nachrichten besitzen, wurde von Norwegern unternommen.

Die Norweger gehörten zu einem Zweige jenes germanischen

Stammes, der in grauer Vorzeit aus Asien ausgewandert war, und nachdem er gen Norden und Westen gezogen, sich schließlich in der Mitte von der Westküste des jetzigen Norwegens niedergelassen hatte. Ihre Sprache, das Altnordische, ist dieselbe, welche noch jetzt auf Island gesprochen wird und die Stammsprache der verschiedenen Mundarten, die man heute in Dänemark, Schweden und Norwegen redet.

Die alten Norweger waren ein keckes, unabhängiges Volk. Sie waren ein freies Volk. Ihre Könige wurden von dem Volk auf „Thingen" gewählt, und alle wichtigen, öffentlichen Angelegenheiten ebenfalls von dem versammelten Volk entschieden.

Außerhalb ihres eigenen Landes traten sie als kühne Abenteurer auf. Sie waren in der ganzen civilisirten Welt als muthige Krieger und Seeleute bekannt. Sie breiteten sich über die europäischen Küsten aus, wo sie Eroberungen machten und Kolonien gründeten.

Auf diesen Eroberungszügen unterwarfen sie sich einen großen Theil von England, entrissen dem französischen König die Normandie, Frankreichs schönste Provinz, eroberten den größten Theil von Belgien und wagten sich mit ihren Einfällen sogar hinab bis Spanien.

Im elften Jahrhundert wurden sie unter Robert Guiskard, einem Abkömmling von den Normannen, Herren von Sizilien und Süditalien, wo sie viele Jahre hindurch ihre Herrschaft behaupteten. Während der Kreuzzüge zogen die Normannen an der Spitze der europäischen Ritterschaft in den Kampf, um das heilige Grab zu befreien, und geboten unter Guiskards Sohn, Bohemund, über Antiochien.

Die Norweger drangen durch die Säulen des Herkules vor, verheerten Griechenlands klassischen Boden und durchbrachen die Mauern von Konstantinopel. Wir treffen sie im fernen Osten, ihrem ursprünglichen Heimathslande an, wir sehen, wie sie den Grund legen zu dem russischen Reich, wie sie ihre zweischneidige Kriegsart in Konstantinopel schwingen, wo sie als Leibwache des griechischen Kaisers Dienste thun und die Hauptstützen seines schwankenden Thrones sind. Sie ritzten ihre dunklen Runen auf den Marmorlöwen⁾ in dem Hafen von Athen zur Erinnerung an die Unterwerfung dieser Stadt ein. Die nordischen Vikinger segelten den Rhein und die Schelde, die Seine und die Loire hinauf, eroberten Köln und Aachen, wo sie den Kaiserpalast in einen Stall verwandelten und selbst Karl dem Großen Schreck einflößten. Das englische Königshaus stammt von den Skandinaviern ab. Ganger Rolf, in der englischen Geschichte unter dem Namen Rollo bekannt, ein Sohn von Harald Haarfagers Freund Ragnbald Mörejarl, drang im Jahre 912 in Frankreich ein und bemächtigte sich der Normandie, in der Schlacht bei Hastings unterjochte Wilhelm der Eroberer, ein Ur=Urenkel Rolf's, England, und mit ihm beginnt die Größe und Macht Großbritanniens.

Es sei hier noch erwähnt, daß der hartnäckigste Widerstand, auf den Wilhelm der Eroberer stieß, von Kolonisten seines eigenen Stammes herrührte, die sich in Northumberland niedergelassen hatten. Er verheerte ihr Land mit Feuer und Schwert und trieb sie über die Grenze, aber wir finden sowohl in Nordengland als in den schottischen Ebenen noch heute Spuren ihrer Energie, ihrer Beharrlichkeit wie ihrer Sprache.

VI.

Aber die Norweger beschränkten ihre Reisen und Unternehmungen nicht auf Europa. Im Jahre 860 entdeckten sie Island und bald darauf (874) gründeten sie auf dieser Insel einen Freistaat, der 400 Jahre hindurch blühte. Der isländische Freistaat liefert den schlagendsten Beweis für den Geist der Unabhängigkeit, der die Norweger beseelte.

Die politischen Verhältnisse Norwegens veranlaßten viele der kühnsten und unabhängigsten Männer des Landes, eine Freistätte für die Freiheit zu suchen. Harald Haarfager hatte es sich als Ziel gesetzt, König über ganz Norwegen zu werden. Die schöne, stolze Ragna Adilsdatter, die er liebte und um die er warb, spornte ihn dazu an, Norwegen unter seinem Scepter zu vereinigen: sie hatte erklärt, daß sie sich nur einem Manne vermählen würde, welcher König von ganz Norwegen sei. Harald ging auf diese Bedingung ein und nach zwölfjährigem, harten Kampfe, während dessen er getreu dem Gelübde, das er Ragna gegeben, sein Haar weder kämmte noch beschnitt, unterwarf er sich endlich im Jahre 872 in der Schlacht im Hafursfjord ganz Norwegen, das bis dahin in 31 kleine Freistaaten getheilt gewesen.

Harald hatte die zahlreichen Häuptlinge bezwungen oder geschlagen und ein Gesetz ergehen lassen, infolge dessen alles Eigenthum der Krone verfiel. Darein wollten sich die stolzen Erbbauern jedoch nicht finden. Sie wollten ihre alte Unabhängigkeit nicht aufgeben und beschlossen deswegen, die Erde zu verlassen, die sie fortan nicht mehr ihr Eigenthum nennen konnten; so zogen sie mit ihrem Hausstand und ihren Angehörigen von dannen, um sich ein neues Heim zu suchen. Es fanden zu jenen Zeiten ebenso zahlreiche Auswanderungen aus Norwegen statt wie heutzutage, — der Hang nach Abenteuern ist bei den Norwegern ebenso alt wie ihre Geschichte!

Jetzt handelte es sich nur darum, wohin sie ziehen sollten.

So begaben sich denn etliche von ihnen nach den Hebriden, andere nach den Orkneys-Inseln, nach den Shetlands-Inseln und den Faröern, wieder andere zogen als Vikinger nach England, Schottland und Frankreich, die Mehrzahl jedoch zog nach dem fernen, dafür aber um so sichereren Island, das im Jahre 860 von dem bekannten Vikinger Nadod entdeckt und von ihm

Schneeland genannt worden war. Im Jahre 864 hatte auch der Schwede Gardar die Insel entdeckt und mit dem Namen Gardarsholm belegt. Endlich im Jahre 870 landeten dort die beiden Norweger Ingolf und Leif, welche die Insel Island nannten. Diese Auswanderung von Norwegen nach Island begann im Jahre 874 und im Laufe weniger Jahre wurde die merkwürdige Insel überraschend schnell angebaut. Nach nicht gar langer Zeit zählte sie bereits 50,000 Einwohner.

Man muß bedenken, daß hier die Rede von einer im hohen Norden, unweit des nördlichen Polarkreises gelegenen Insel ist, von einem Klima, in dem kein Korn reift, und wo man den Schnee von dem gefrorenen Heu schütteln muß, bevor man es in die Schennen bringen kann. Die Fischerei, welche den Haupterwerbszweig bildet, wird oft durch das Treibeis, welches aus den Polargegenden kommt und die Häfen füllt, äußerst erschwert, und die ganze Insel bietet einen höchst traurigen, öden Anblick dar. Aber trotz alledem nahmen die Einwanderungen von Jahr zu Jahr zu, und obwohl sich dem Auge der Bewohner nichts bot, als unheimliche Eisberge, vulkanische Ausbrüche, brüllende Geiser und kochende Quellen, liebten sie doch dies wilde Land, weil es frei war, und in den langen Wintermonaten, wenn die Sonne ganz hinter den Horizont hinabgesunken war und nur die Nordlichter über ihren Häuptern flimmerten, waren sie fast ausschließlich auf ihre geistigen Schätze angewiesen, vertrieben sie sich die Zeit mit den Sagen und Ueberlieferungen ihrer Vorväter.

Ich muß um Entschuldigung bitten, daß ich so lange bei Island verweile, — aber Island ist an und für sich ein so interessantes Land, und es ist ferner die Angel, um welche sich das Thor dreht, das Europa den Eingang zu Amerika erschloß.

Diese Insel war im Jahre 340 v. Chr. von Pytheas besucht worden, und nach dem Bericht des irischen Mönches

Dicuilus, der im Jahre 825 eine Geographie schrieb, hatten sich im Sommer 795 irische Mönche bis zu derselben hinaufgewagt. Die Ansiedelungen der Norweger in Island, sowie die häufigen Reisen zwischen dieser Insel und Norwegen führten zuerst zu der Entdeckung von Grönland und später von Amerika, und dem hohen geistigen Standpunkt, sowie dem historischen Sinn der Isländer ist es zuzuschreiben, daß die Berichte von diesen Reisen bewahrt wurden, Berichte, die zuerst Columbus als Wegweiser dienten, und die uns später zeigten, wie es um die Entdeckung der neuen Welt vor Columbus gestanden.

Island ist eine kleine Insel unter dem 65. Grad nördlicher Breite von ungefähr 1800 Quadratmeilen Umfang. Seine Thäler sind nur spärlich mit Grün bewachsen, und auf den Bergen findet man nur selten einen Baum, und doch zählt es noch heute nicht weniger als 70 000 Einwohner, die ein stilles, friedliches Leben führen, die zäh an ihrer alten Sprache festhalten, sich aber gleich den unter begünstigteren Himmelsstrichen lebenden Völkern mit fremden Sprachen, Naturwissenschaften Philosophie und Geschichte beschäftigen. Noch heute erschüttern Erdbeben die Insel, noch heute speien die Geiser ihre kochenden Wasser, sind die Ebenen mit Schlamm bedeckt, während der mächtige Jökul Hekla unter seinem ewigen Schnee die vulkanische Fackel schwingt, als wolle er den Himmel selber in Brand stecken.

Lange Zeit hindurch war Island die Schatzkammer für die großartige Alterthumsliteratur des Nordens. Das Heidenthum herrschte dort noch über ein Jahrhundert, nachdem die Insel bevölkert war; die alten Traditionen wurden in hohen Ehren gehalten und gingen von Mund zu Munde, und kurze Zeit nach Einführung des Christenthums wurde die altnordische Literatur niedergeschrieben.

Islands alte Literatur und Traditionen übertreffen alles, was Europa in der Richtung im Mittelalter aufzuweisen hat.

Keine Literatur des Alterthums kann sich mit den isländischen Gesängen messen. Dieselben zeichnen sich durch großartige Verhältnisse aus, und wir finden unter ihnen so mächtige, überwältigende Tragödien, die wohl den griechischen den Rang streitig machen können. Man fängt jetzt auch in der ganzen Welt an, einzusehen, daß Islands alte Literatur der Roms und Griechenlands wohl ebenbürtig ist.

Das ursprünglich germanische Leben hielt sich länger und entwickelte sich unabhängiger in Norwegen und hauptsächlich in Island, als das sonst irgendwo der Fall war, auch fand es dort günstigere Bedingungen sich zu entfalten und zu reifen. Die isländische Literatur ist die vollentwickelte Blüthe des germanischen Heidenthums. Dies germanische Heidenthum aber mit seiner schönen, poetischen Mythologie wurde von den fanatischen Priestern in Deutschland und in den anderen Ländern, die von germanischen Völkerstämmen bewohnt waren, völlig ausgerottet, ehe sie sich weit genug entwickelt hatte, um Blüthen zu treiben. Nur England allein bildet eine Ausnahme hiervon, — dort schwang sich ein dem gothischen Stamme nahverwandter Zweig zu einer hervorragenden Stellung in der Welt des Geisteslebens auf und brachte die angelsächsische Literatur hervor.

VII.

Aber allmählich, im Laufe der Zeiten fühlten die Isländer den Drang, neue unbekannte Länder aufzusuchen, und die Wogen der Auswanderung fingen an, mit unwiderstehlicher Gewalt westwärts bis nach Grönland zu rollen, das sie denn auch trotz seines ungemüthlichen Klimas bebauten.

Die Entdeckung von Grönland war eine natürliche Folge von der Kolonisation Islands, wie denn späterhin auch die Entdeckung Amerikas eine natürliche Folge der Kolonisation Grönlands war. Die Entfernung zwischen der Westküste Islands und der Ostküste von Grönland beträgt nur 45 Meilen. Wenn die Schiffe, die nach Island segelten, von den in diesen Gegenden so häufigen Ostwinden überfallen wurden, konnten sie kaum umhin, Grönlands Küste so nahe zu kommen, daß sie die Schneeberge in der Ferne schimmern sahen, ja sie mußten sogar oft zwischen den Inseln und Vorgebirgen Schutz suchen.

So wird erzählt, daß Gunnbjörn, Ulf Kraktes Sohn, im Jahre 876, als er durch den Sturm nach Westen verschlagen und auf das offene Meer hinausgetrieben war, Land in Sicht bekam. Aehnliches berichteten hin und wieder andere Seeleute. Ein Jahrhundert später war ein Mann, Namens Erich der Rothe, wegen eines begangenen Mordes aus Jaederen in Norwegen geflüchtet und hatte sich in dem westlichen Theil von Island niedergelassen. Als er auch hier wegen des begangenen Frevels für friedlos erklärt ward, rüstete er sein Schiff und beschloß auszuziehen, um jenes Land zu suchen, das Gunnbjörn und die Anderen im Westen hatten liegen sehen. Er zog im Jahre 984 aus, fand das Land und blieb zwei Jahre dort, um es zu untersuchen. Dann kehrte er nach Island zurück. Er nannte das neuentdeckte Land Grönland (das grüne Land), um, wie er sagte, Kolonisten durch diesen vielversprechenden Namen dahin zu locken.

Die Folge war, daß eine ganze Anzahl von Isländern und Norwegern nach Grönland auswanderte und dort eine blühende Kolonie mit der Hauptstadt Gardar gründete, die im Jahre 1261 unter die Oberhoheit der norwegischen Krone gestellt ward. Vier Jahrhunderte hindurch hielt die grönländische Kolonie ihre Verbindung mit dem Mutterlande aufrecht, allmählich aber verlor man sie aus dem Auge und vergaß sie schließlich. Der dänische Geschichtsschreiber Torfäus giebt uns ein Namensverzeichniß über siebenzehn grönländische Bischöfe, welche den Bischofsstab in Grönland geführt haben.

VIII.

Ehe wir die Normannen weiter auf ihren Zügen gen Westen begleiten, wollen wir einige Worte über ihre Schiffe sagen. Die beiden alten Schiffe, die an der norwegischen Universität aufbewahrt werden, sind bekanntlich, was Form und Größe anbetrifft, ganz vorzüglich. Es soll damit natürlich nicht gesagt werden, daß sich die Schiffe der alten Skandinavier mit denen messen konnten, die jetzt das Meer zwischen New-York und Liverpool durchkreuzen, das aber ist gewiß, daß die Skandinavier schon damals ebenso vorzügliche Seeleute waren wie jetzt. Sie besaßen gute seetüchtige Schiffe, von denen einige ziemlich groß waren. In Olaf Tryggvesöns Sage wird von einem Schiffe berichtet, das in mehr als einer Hinsicht merkwürdig war. Der unter dem Wasser befindliche Theil des Kiels war 140 Fuß lang. Es war aus dem allerbesten Material gebaut, hatte 34 Rudersitze und der Vorder- wie Hintersteven desselben war mit Gold belegt.[1]

Die Schiffe der Nordländer konnten sich wohl mit denen anderer Nationen messen, die in späterer Zeit die Welt umsegelt haben, sie waren in jeder Hinsicht ausreichend, das Weltmeer zu befahren, und eigneten sich mindestens ebensogut zu einem Zug über den atlantischen Ozean wie Columbus' Schiffe. Es geht auch aus den Sagen hervor, daß die Nordländer sich wohl darüber klar waren, wie wichtig alles ist, was mit dem Seewesen in Zusammenhang steht. Sie wußten den Lauf des Mondes und der Sonne zu berechnen und die Zeit nach den Sternen zu bestimmen. Ohne ansehnliche nautische Kenntnisse hätten sie niemals ihre Fahrten nach England, Frankreich, Spanien und Griechenland, sowie die noch bei weitem beschwerlicheren Reisen nach Island und Grönland unternehmen können.

Ich habe nun einen kurzen Umriß von den Reisen und

Unternehmungen der Norweger gegeben. Ich habe es gethan, um zu zeigen, daß sie die Vorbedingungen für eine Großthat, wie die Entdeckung von Amerika es war, besaßen, ja, daß diese in Wirklichkeit eine unvermeidliche Folge ihrer zahlreichen Seereisen war, so daß wir, selbst wenn wir nicht die unzweideutigen Zeugnisse der Sagen hätten, doch mit Bestimmtheit behaupten könnten, daß die Norweger von dem Vorhandensein Amerikas Kunde gehabt haben.

Ja, die Norweger waren ein großes Volk! Ihr Geist fand die Wege zu Englands Magna Charta und zu Amerikas Unabhängigkeitsakt. Der Geist der Vikinger lebt noch heute in den Engländern, in den Nordamerikanern und den Skandinaviern, er treibt sie dazu, ihre Hand weiter und weiter auszustrecken und dreist der Tyrannei die Spitze zu bieten, und ruft eine bewunderungswürdige innere Entwickelung in ihren Ländern hervor.

IX.

Wir haben gesehen, wie sich die Skandinavier überall in der civilisirten Welt einen Namen verschafften, daß sie vorzügliche Schiffe besaßen, daß sie tüchtige Seeleute und ein ungewöhnlich gebildetes Volk waren, daß sie also alle die Vorbedingungen besaßen, die erforderlich waren, den westlichen Welttheil zu erreichen, und wir sind so zur Genüge auf die entscheidende Frage vorbereitet: Entdeckten und untersuchten die Skandinavier denn auch wirklich die Küsten jenes Welttheiles, den wir heute als Amerika kennen? An und für sich liegt nichts Unwahrscheinliches darin. Man braucht nur eine Karte von dem atlantischen Meer oder einen Globus zu nehmen und den Abstand zwischen Island und Grönland und zwischen Grönland und Newfoundland zu berechnen, um zu finden, daß der Weg von Norwegen nach Island doppelt so lang ist, als von Island nach Grönland, und fast doppelt so lang als von Grönland nach Labrador und von dort nach Newfoundland.

2*

Nach allem, was wir gesehen haben und was jeder weiß, der die Geschichte des Nordens kennt, ist es eine Thatsache, daß es mindestens drei Jahrhunderte hindurch norwegische Kolonien in Grönland gegeben hat, und so müssen wir denn auf den Gedanken vorbereitet sein, daß die Norweger Amerika entdeckt haben. Es ist völlig undenkbar, daß ein seefahrendes Volk wie die Norweger, die über den großen westlichen Ozean segelten, um Island und Grönland zu erreichen, dem großen amerikanischen Festlande während dreihundert Jahren so nahe gekommen sein sollten, ohne sich über das Vorhandensein desselben klar zu werden.

Aber glücklicherweise sind wir in diesem Punkt nicht auf Muthmaßungen angewiesen. Wir besitzen einen vollständigen schriftlichen Bericht über diese Entdeckung. Will man diese Entdeckung bestreiten oder ableugnen, so muß man erst mehrere Seiten wohlbegründeter, historischer Thatsachen auslöschen. Während ganz Europa nach dem zehnten Jahrhundert mehrere hundert Jahre lang in literarischer Beziehung in das tiefste Dunkel gehüllt ist, wird die Literatur auf Island mit großem Eifer gepflegt, und gerade aus diesem Zeitraum stammen die Sagen, welche über Amerika berichten. Daß dieselben lange vor Columbus geschrieben wurden, ist ebenso leicht nachzuweisen wie die Thatsache, daß Herodot seine Geschichte vor Christi Geburt geschrieben. Die Echtheit und Zuverlässigkeit der isländischen Sagen hat Alexander v. Humboldt in seinem Kosmos (K. II., p. 169—271) voll anerkannt; so bedarf diese Sache keiner weiteren Erwähnung. Die Sagen, welche Amerika betreffen, befinden sich in dem sog. Flatö=Buch, einer Handschrift, die im Jahre 1387 abgeschlossen wurde und die jetzt in Kopenhagen aufbewahrt wird.[5] Wir ersehen aus dieser mit großer Sorgfalt geschriebenen Handschrift, daß die Norweger, nachdem sie Grönland entdeckt und bebaut hatten, ihren Cours

kühn gen Südwesten gewendet und so 500 Jahre vor Columbus
Amerika entdeckt haben.

In dem folgenden Abschnitt wollen wir einige von den
Begebenheiten, welche mit dieser Entdeckung in Zusammenhang
stehen, genauer ins Auge fassen.

X.

Als Erik der Rothe im Jahre 986, demselben Jahr, als
er nach Island zurückkehrte, abermals nach Grönland zog, um
sich dort niederzulassen, begleitete ihn ein Isländer Namens
Herjulf dahin.

Herjulf hatte einen Sohn, welcher Bjarne hieß. Schon
in jungen Jahren war in ihm die Lust erwacht, sich in der
Welt umzusehen, und so pflegte er denn jeden Winter im Aus-
lande zuzubringen. Er erwarb sich Ruhm und Reichthum und
hatte bald sein eigenes Schiff. In dem Winter, als sein Vater
sich anschickte, nach Grönland zu fahren, war Bjarne in Norwegen, und er kehrte erst im Sommer heim, nachdem der Vater
bereits seine Reise angetreten hatte. Da beschloß er denn, sein
Schiff nicht zu löschen, sondern auszuziehen, um den Vater zu
suchen, „das heißt, wenn Ihr gewillt seid, mir zu folgen," sagte
er zu seinen Mannen. Dazu waren diese Alle bereit. „Aber
man wird unsere Reise für ein unkluges Unternehmen halten,"
meinte er, „denn niemand von uns ist ja bis dahin in dem
grönländischen Meere gewesen." — „Das kümmert uns nicht,"
erwiderten die Leute, und so stachen sie denn wieder in See.
Sie segelten drei Tage lang und verloren das Land außer Sicht;
dann trat eine Windstille ein, bald darauf aber wehte ein
heftiger Nordwind, und es ward so neblig, daß sie nicht mehr
wußten, wo sie waren. Es währte viele Tage, bis sie die
Sonne wieder sahen, aber dann kam auch zugleich Land in
Sicht. Sie sprachen miteinander davon, was für ein Land

dies wohl sein könne, und Bjarne meinte, daß es wohl nicht Grönland wäre, „aber laßt uns ein wenig näher an dasselbe hinansegeln". Da sahen sie denn, daß es ziemlich flaches, reichbewaldetes Land war, und deswegen segelten sie weiter, die Küste zur Linken liegen lassend. Nachdem sie zwei Tage gesegelt hatten, erblickten sie ein anderes Land und fragten Bjarne, ob er glaube, daß dies Grönland sei. Er antwortete, seiner Meinung nach sei dies ebensowenig Grönland wie das vorige, „denn," fügte er hinzu, „dort soll es hohe Eisberge geben". Sie näherten sich bald dem Lande und sahen, daß dasselbe ebenfalls flach und reich bewaldet war. Da der Wind sich gelegt hatte, meinte die Schiffsmannschaft, daß es wohl das rathsamste sei, jetzt an Land zu gehen; das aber wollte Bjarne nicht, und obwohl das Schiffsvolk murrte und erklärte, daß es ihnen sowohl an Wasser wie an Brot gebräche, hieß er sie die Segel aufzuziehen; das thaten sie denn auch und segelten nun mit Südwestwind drei Tage lang in die offene See hinaus. Da erblickten sie abermals Land, diesmal aber war dasselbe voller Felsen und Eisberge. Sie fragten Bjarne, ob er dort an Land zu gehen gedächte, er aber sagte nein, „denn dies Land schien mir sehr wenig erfreulich anzuschauen". So zogen sie denn die Segel nicht ein, sondern steuerten an der Küste entlang und sahen, daß das Land eine Insel war, und weiter ging's mit demselben Wind ins offene Meer hinaus.

Der Wind nahm zu, und Bjarne befahl, die Segel zu reffen und nicht stärker zu segeln als das Schiff und die Masten es ertragen konnten. Sie fuhren vier Tage, da sahen sie Land und fragten abermals Bjarne, ob er glaubte, daß dies Grönland sei. „Dies sieht nach allem, was ich darüber habe erfahren können, Grönland sehr ähnlich," versetzte Bjarne. „Hier wollen wir landen!" Dies thaten sie und legten in der Abenddämmerung bei einem Vorgebirge an, welches sich als Herjulfsnäs herausstellte, wo sich sein Vater niedergelassen hatte. Bjarne gab von jetzt an seine Handelsreisen auf, blieb bis an das Lebensende des Vaters bei ihm und behielt auch nach dem Tode desselben seinen Wohnsitz auf Herjulfsnäs.

Es läßt sich nicht mit Sicherheit feststellen, welche Theile von Amerika Bjarne erblickt hat, aber höchst wahrscheinlich war das erste Land, welches er sah, das jetzige Nantucket, einen Grad südlich von Boston, das zweite Nova Scotia und das dritte Newfoundland. Jedenfalls ist Bjarne Herjulfsön der erste Europäer gewesen, der das jetzige Neu-England gesehen.

Der erste Europäer, der das Festland von Amerika erblickte und dessen Name bewahrt wurde, war der mächtige Häuptling Are Maarsson aus Reykjanäs auf Island. Er kam nach Groß-Irland (der Gegend, welche an der Cheasapeake-Bucht liegt), das ohne Zweifel von den Irländern entdeckt war, lange bevor er im Jahre 983 von dem Sturm dorthin verschlagen ward, bei welcher Gelegenheit er sich taufen ließ. Der Erste, welcher hierüber berichtet, ist sein Zeitgenosse, Rafn Limeriksfahrer, der sich lange Zeit in Limerik auf Irland aufgehalten hatte.

Der berühmte isländische Sänger Are Frode, der im vierten Gliede von Are Maarsson abstammte, erzählt, daß sein Onkel Thorkel Gellesön, dessen Zeugniß man für durchaus glaubwürdig hält, von Isländern, die es wieder von dem Orknöjarlen Thorfin Sigurdsön erfahren hatten, gehört habe, daß Are in Groß-Irland wieder erkannt worden war, daß er nicht von dort fortkommen könne, aber unter den Bewohnern des Landes ein großes Ansehen genösse.

Hieraus ergiebt sich, daß zu Ende des zehnten Jahrhunderts hin und wieder ein Verkehr zwischen West-Europa (den Orkneys-Inseln und Irland) und Groß-Irland oder dem Lande der weißen Männer in Amerika stattgefunden haben muß. Die

Sage (Landnámabók) sagt ausdrücklich), daß Groß-Irland weit hinaus im Meere liege, in der Nähe von Vinland, dem guten, VI Tagesreisen westlich) von Irland, und Professor Rafn meint, daß die Zahl VI ein Schreibfehler sein müsse, daß es XX oder XV. was mit der Entfernung stimmen würde, hat heißen sollen.

XI.

Bjarne Herjulfssön fuhr einmal von Grönland nach Norwegen und kam daselbst zu Erik Jarl. Der Jarl⁶ nahm ihn freundlich auf, und Bjarne erzählte von seiner Grönlandsreise, sowie von den Ländern, die er gesehen und die er nicht kannte. Da meinte man, er sei sehr wenig wißbegierig gewesen, da er nicht mehr von den Ländern zu melden wisse und man tadelte ihn deswegen. Bjarne blieb den Winter über bei dem Herzog, aber im nächsten Sommer fuhr er abermals nach Grönland. Man sprach damals viel davon, neue Länder zu suchen. Leif, Eriks des Rothen Sohn, fuhr zu Bjarne Herjulfssön, kaufte das Schiff desselben und heuerte 35 Mann.

Sie fanden zuerst das Land, welches Bjarne zuletzt gesehen hatte, sie segelten dorthin, warfen die Anker aus und ruderten mit Booten an die Küste. Es war kein Gras dort zu sehen; weiter landeinwärts waren überall hohe Eisberge, und zwischen diesen und der See war der Boden wie ein einziger großer Stein, so daß auch ihnen das Land sehr wenig erfreulich erschien; Leif aber sagte: „Es ist uns mit diesem Lande nicht ergangen, wie es Bjarne erging, nämlich, daß wir dasselbe nicht betreten haben; ich will demselben einen Namen geben, es soll ‚Helleland' heißen" (d. i. Klippenland, das jetzige Newfoundland). Dann ruderten sie zu dem Schiffe zurück, segelten weiter und fanden ein anderes Land, das war flach und bewaldet, und überall, wohin sie sich wendeten, stießen sie auf weiße Sandfelder, nirgends fiel das Land schroff nach dem Meere zu ab. „Wie dies Land ist, so soll sein Name sein," sagte Leif; „wir wollen es Markland nennen" (das jetzige Nova Scotia). Dann kehrten sie zu ihrem Schiffe zurück und segelten wieder auf das offene Meer hinaus, und nachdem sie zwei Tage gesegelt waren, erblickten sie abermals Land. Sie fuhren in eine Bucht ein, die zwischen einer Insel und einem Vorgebirge lag. Es war starke Ebbe, und das Schiff stieß auf den Grund; es war noch eine ganze Strecke bis zur Küste, aber sie waren so darauf erpicht, ans Land zu kommen, daß sie nicht warten wollten, bis das Wasser wieder gestiegen war, und so landeten sie denn dort, wo ein Bach den Ausfluß eines Sees bildete; als dann später die Fluth kam, ruderten sie zu dem Schiffe zurück und bugsirten dasselbe durch den Bach in den See; dort warfen sie ihre Anker aus, trugen ihre Fellkojen ans Land und schlugen ihre Hütten auf. Nachdem sie beschlossen, den Winter über dazubleiben, bauten sie sich große Häuser. In dem Bach, wie in dem See wimmelte es von Lachsen, und diese waren größer, als sie dieselben jemals gesehen hatten. Und so milde war das Klima, daß sie meinten, man brauche das Vieh im Winter nicht in die Stallungen zu ziehen, denn es fror dort niemals, und das Gras welkte kaum. Der Unterschied zwischen der Tag- und Nachtlänge war dort weit geringer als auf Grönland oder Island, denn an dem kürzesten Tage schien die Sonne von 9 bis 3 Uhr, welches einen Breitengrad von 41° 24' 10" ergiebt, woraus man schließen kann, daß Leifs Ansiedelung ganz nahe bei dem Fall River in Massachusetts gelegen haben muß.

Als der Bau der Häuser beendet war, sagte Leif zu seinen Genossen: „Jetzt will ich unsere Mannschaft in zwei Theile theilen, denn ich beabsichtige, dies Land genauer zu untersuchen. Die Hälfte von uns soll zu Hause bei den Hütten bleiben, während die Anderen ausziehen." Das thaten sie denn eine ganze Zeit lang. Leif wechselte ab, den einen Tag zog er mit ihnen aus, den anderen blieb er bei der Ansiedelung zurück.

Einer von Leifs Mannen war ein Deutscher, Namens Tyrker, ein unansehnliches Männchen, aber sehr geschickt in allerlei Handwerk. Eines Abends nun fehlte ein Mann aus der kleinen Schar, und das war Tyrker. Leif wurde sehr unruhig, denn Tyrker war lange bei ihm und bei seinem Vater gewesen und hatte Leif von dessen Kindheit an sehr geliebt. Er machte den Genossen bittere Vorwürfe und begab sich mit 12 Mannen auf den Weg, um ihn zu suchen. Sie waren nicht gar weit gegangen, als ihnen Tyrker schon entgegenkam; voller Jubel empfingen sie ihn, aber Leif merkte bald, daß sein Pflegevater nicht ganz bei Verstand war. „Weswegen bist Du so lange fortgeblieben und hast Dich von Deinen Genossen getrennt, mein Pflegevater?" fragte Leif. Tyrker hielt eine längere deutsche Rede, rollte mit den Augen und lachte vor sich hin; sie konnten nicht verstehen, was er sagte, als aber eine Weile vergangen war, fing er an Isländisch zu reden und sagte: „Ich bin nicht so gar weit von hier gewesen, und doch kann ich euch eine Neuigkeit mittheilen: Ich habe Weinranken und Trauben gefunden". — „Redest Du die Wahrheit, Pflegevater?" fragte Leif. — „Freilich rede ich die Wahrheit," entgegnete er, „denn dort, wo ich geboren bin, giebt es Ranken und Trauben in Fülle."

Sie begaben sich nun zur Ruhe, aber am nächsten Morgen sagte Leif zu seinen Mannen: „Jetzt wollen wir zwei Dinge vornehmen und damit abwechseln: den einen Tag wollen wir Weintrauben sammeln und den anderen Ranken schneiden und Bäume fällen, damit wollen wir dann unser Schiff beladen."

Das thaten sie, und als der Frühling kam, machten sie sich reisefertig und segelten mit ihrer Ladung von dannen. Leif gab dem Lande den Namen „Vinland".

Diese erste Entdeckung von Neu-England fand im Jahre

1000 statt, und Leif Eriksson war der Erste, von dem man mit Bestimmtheit weiß, daß er eine Reise über den atlantischen Ozean unternommen, mit der ausgesprochenen Absicht, Land zu entdecken. Die Entdeckung, welche er machte, hat er keinem Zufall zu verdanken. Das Ziel und der Zweck seiner Reise stand ihm und seinen Landsleuten ebenso klar vor Augen wie Columbus im Jahre 1492. Aber Leif setzte nicht Himmel und Erde in Bewegung, um über den atlantischen Ozean zu gelangen; er kaufte einfach Bjarnes Schiff, heuerte 35 Seeleute, die ebenso unerschrocken waren wie er selber, sagte seinem alten Vater Lebewohl und lichtete die Anker.

XII.

Im Frühling segelten Leif Eriksson und seine Mannen mit günstigem Winde heim nach Grönland. Man sprach viel von ihrer Vinlandsreise, und Leifs Bruder Thorwald fand, daß sie das Land nicht genügend untersucht hatten. „Wenn Du Lust hast, Bruder," sagte Leif, „so kannst Du mit meinem Schiffe nach Vinland segeln."

Gesagt, gethan. Im Jahre 1002 zog Thorwald Eriksson mit dreißig Mannen hinüber. Sie kamen auch glücklich nach Vinland, zu Leifs Ansiedelung; dort zogen sie die Schiffe ans Land, verhielten sich den Winter über ruhig und lebten von den Fischen, die sie fingen. Im Frühling befahl Thorwald, das Schiff klar zu machen, und sandte dann einen Theil seiner Mannen aus; sie sollten an der Westküste entlang segeln und das Land im Sommer untersuchen. Sie fanden ein schönes, waldreiches Land; es waren viele Inseln dort, und das Fahrwasser war seicht. Nirgends aber stießen sie auf Wohnungen von Menschen oder auf Lager von Thieren. Sie blieben im ganzen drei Jahre dort.

Auf einer ihrer Fahrten gelangten sie an ein Vorgebirge,

das mit reichen Waldungen bedeckt war und sich weit in das Meer hinauserstreckte. Dort legten sie ihre Schiffe vor Anker und gingen an Land. „Hier ist es herrlich!" sagte Thorwald, „hier möchte ich wohl meine Hütte aufschlagen." Als sie wieder zum Schiffe zurückkehren wollten, sahen sie auf dem Sande des Ufers drei Fellboote und unter jedem derselben drei Männer. Da vertheilten sie ihre Schar und griffen die Männer mit Ausnahme eines Einzigen, der mit seinem Boote entkam. Sie tödteten die acht Gefangenen und kehrten dann zu dem Vorgebirge zurück und sahen sich dort um; sie erblickten am Ufer einige Erhöhnungen, die sie für menschliche Wohnungen hielten. Und es überkam sie eine große Mattigkeit, so daß sie sich nicht wachhalten konnten, so fielen sie denn Alle in den Schlaf. Aber während sie so dalagen und schliefen, ertönte plötzlich ein Ruf, der sie Alle erweckte. Da sahen sie von dem Ufer der Bucht eine unzählige Menge von Fellbooten auf ihr Schiff zu rudern. „Wir wollen die Sturmdächer auf unser Schiff setzen," sagte Thorwald „und uns nach besten Kräften vertheidigen, selber aber nur wenig angreifen." Das thaten sie denn auch, aber die Strälinger (Schwächlinge) — so nannten die Nordländer die Eingeborenen von Amerika, die kleine, schwächliche Leute waren — schossen eine Weile auf sie und flüchteten dann, so schnell sie nur konnten. Thorwald fragte seine Mannen, ob jemand von ihnen verwundet sei, sie antworteten: „Nein"; Thorwald aber sagte: „Ich bin unter dem Arm verwundet. Es flog ein Pfeil zwischen den Schiffsrand und meinen Schild, — das ist mein Tod. Ich rathe euch nun, euch auf den Heimweg zu begeben und zwar so bald wie möglich. Mich aber sollt ihr auf das Vorgebirge hinauftragen, wo ich vorhin so gern wohnen wollte; das Wort, das mir dort auf die Zunge kam, wird wohl in Erfüllung gehen — ich werde dort fortan Wohnung nehmen. Denn dort sollt ihr mich begraben und mir zu Haupt wie zu meinen Füßen ein Kreuz errichten, und die Stätte sollt ihr Korsnäs" nennen."

Zu jener Zeit ward das Christenthum in Grönland eingeführt; Erik der Rothe war jedoch bereits gestorben, als dies geschah.

Thorwald starb, und seine Mannen thaten, wie er ihnen befohlen; dann kehrten sie zu ihren Genossen zurück und theilten denen ihre Erlebnisse mit. Den Winter über blieben sie dort und sammelten Weintrauben und Weinranken, um das Schiff damit zu beladen. Im Frühling fuhren sie wieder nach Grönland, legten in Eriksfjord vor Anker und hatten Leif viel zu berichten.

Thorwald Eriksjön war der erste Christ und der erste Europäer, der in Amerika starb. Sein eben geschilderter Tod, sowie sein Begräbniß gewinnen an Interesse durch die Thatsache, daß man im Jahre 1831 in der Nähe von Fall River in Massachusetts ein Skelett in kriegerischer Kleidung fand, und viele Umstände deuten darauf hin, daß dies die irdischen Ueberreste von Thorwald Eriksjön sind. Dies Skelett, welches seiner Zeit große Aufmerksamkeit erregte, wurde zum Gegenstand vieler gelehrter Verhandlungen, und der bekannte amerikanische Dichter Longfellow schrieb im Jahre 1841 ein Gedicht, in welchem er den Todten erzählen läßt, was er auf seinem Wikingerzug erlebt hat, von seiner Fahrt über das sturmvolle Meer und von der Entdeckung von Amerika. Der bedeutende schwedische Chemiker Berzelius analysirte einen Theil der Brustplatte, die sich bei dem Skelette vorfand, und es ergab sich, daß die Zusammensetzung der Bronze dieselbe war wie die, welche im zehnten Jahrhundert allgemein in Norwegen angewendet wurde, sowie, daß die Brustplatte von Fall River sowohl in Stil wie Verarbeitung an entsprechende Stücke erinnert, die man in dem alten Norden gefunden hat.

XIII.

Thorstejn Eriksjön, Leifs und Thorwalds Bruder, der sich inzwischen mit einem schönen, verständigen und äußerst tugendhaften Weibe, Namens Gudrid, vermählt hatte, bekam Lust, nach Vinland zu fahren und Thorwalds Leiche zu holen. Er rüstete dasselbe Schiff aus und wählte große und starke Leute, 25 an der Zahl, auch sein Weib Gudrid nahm er mit. Sobald sie mit den Vorbereitungen fertig waren, lichteten sie die Anker und segelten auf das offene Meer hinaus. Sie irrten den ganzen Sommer umher, ohne zu wissen, wo sie waren, und schließlich, als der Winter bereits angebrochen war, mußten sie in Lysefjord an der Westbygd von Grönland an Land gehen. Thorstejn und seine Frau wurden von einem Manne Namens Thorstejn Svarte aufgenommen, die Schiffsmannschaft fand anderweitiges Unterkommen. Noch zu Anfang des Winters brach unter Thorstejn Eriksföns Mannen eine Seuche aus und viele derselben starben; er ließ Särge für die Leichen verfertigen, um dieselben nach Eriksfjord führen zu lassen, aber es währte nicht lange, so ergriff die Seuche auch Thorstejn Svartes Haus; zuerst starb dessen Frau, dann Thorstejn Eriksjön.

Im Frühling verkaufte Thorstejn Svarte sein Gehöft und segelte mit Gudrid nach Eriksfjord. Die Leichen wurden dort bei der Kirche beerdigt und Gudrid zog zu ihrem Schwager Leif. Thorstejn Svarte ließ sich in Eriksfjord nieder und wurde, so lange er lebte, für einen tüchtigen Mann gehalten.

XIV.

Der bekannteste Vinlandsfahrer war Thorfin Karlsefni, d. h. derjenige, in dem der Stoff oder die Kraft zu einem tüchtigen Manne wohnt. Er war reich und mächtig, stammte aus einem der vornehmsten norwegischen Geschlechter und zählte mehrere Könige unter seinen Vorfahren. Er war ein tüchtiger Seemann, der viele Reisen gemacht hatte; jetzt wollte er nach Grönland und fuhr im Jahre 1006 von Island dorthin. Ein anderer Isländer, Namens Snorre Thorbrandssön begleitete ihn; sie hatten zwei Schiffe mit je 40 Mann.

Im Herbst kamen sie in Eriksfjord an; Thorfin schenkte Leif reiche Gaben, und dieser lud ihn ein, den Winter über mit seiner ganzen Mannschaft auf Brattelid zu bleiben. Bald nach Weihnacht freite Thorfin Karlsefni um Gudrid; sie nahm seine Werbung an, und noch im selben Winter hielten sie Hochzeit.

Es wurde sehr viel von Vinland gesprochen und von einer Reise dorthin, und alle Leute, sowie auch Gudrid drangen in Karlsefni, doch eine solche zu unternehmen. Die Sage berichtet, daß besonders Gudrid ihn zu dieser Fahrt überredete, und sie scheint wirklich eine hervorragende Rolle bei dem ganzen Unternehmen gespielt zu haben. Wir können uns leicht vorstellen, wie beredt sie die Worte aneinander gereiht hat, wenn sie mit ihrem Gatten am Meeresufer saß.

„Es wundert mich," sagte sie, „daß Du, Thorfin, der Du so gute Schiffe und so kühne Mannen besitzt, Dich darin finden kannst, in diesem unfruchtbaren Lande zu bleiben, statt nach dem schönen Vinland zu fahren und Dich dort niederzulassen. Bedenke doch, welch herrliches Land das sein muß und welch angenehme Veränderung für uns Alle! Dichte und blätterreiche Wälder wie im alten Norwegen, statt dieser steilen Klippen und schneebedeckten Felsen! Wogende Kornfelder statt der moosbekleideten Ebenen und sandigen Haiden. Bäume, die groß genug sind, um Häuser und Schiffe aus denselben zu bauen, statt der elenden Weidengesträuppe, die zu nichts gut sind, als unserem Vieh das Leben zu fristen, wenn das Heu verzehrt ist! Und dann das ganze Jahr hindurch der liebliche Sonnenschein statt der heulenden Winde und des ewigen Schnees und Eises! Es scheint mir, als sei der Name Grönland gar schlecht gewählt für dies Land!"

Thorfin befolgte, wie schon erwähnt, den Rath seiner Gattin, und während die früheren Vinlandsfahrer nur die Absicht gehabt hatten, sich in der neuen Welt umzusehen, war es offenbar Thorfins und seiner Gattin Meinung, sich dort häuslich niederzulassen.

Die ganze Expedition bestand aus drei Schiffen, von denen das eine von Thorfin und Snorre geführt ward, das andere von zwei Männern Namens Bjarne und Thorhall und endlich das dritte von Thorvard, der mit Fröjdis, einer Tochter Eriks des Rothen, vermählt war. Es waren im ganzen 160 Mann an Bord, viele von ihnen waren von ihren Frauen begleitet, auch führten sie allerlei Lebensbedürfnisse mit sich.

Sie segelten erst nach Westbygd und Bjarnö, von dort nach Helleland und Markland und endlich nach Kjölenäs, dann landeten sie in einer Bucht und setzten dort zwei schottische Leibeigene aus, einen Mann Namens Hake und ein Weib Namens Hekja, die der König Olaf Trygveson Leif geschenkt hatte; sie sollten untersuchen, welcher Art die Beschaffenheit des Landes war; dazu waren sie wohl geeignet, denn sie waren schnellfüßiger als Hirsche. Es ward ihnen eingeschärft zurückzukehren, ehe drei Tage verstrichen seien; das thaten sie denn auch, und zwar trug Hake eine Weintraube in der Hand und Hekja eine wilde Weizenähre

Dann segelten sie weiter und gelangten an eine Insel, wo so viele Eidergänse waren, daß man kaum einen Schritt machen konnte, ohne auf die Eier dieser Vögel zu treten. Der Insel gaben sie den Namen Strömö und die Bucht, in der dieselbe lag, nannten sie Strömfjord, und dort blieben sie den Winter über. Aber als der Sommer kam, verringerte sich die Jagd und der Fischfang, und es wurde ihnen schwer, die Nahrungsmittel aufzubewahren. Da baten sie Gott um Nahrung, aber es war ohne Erfolg. Und es war Einer unter der Mannschaft, der hieß Thorhall Jäger; er hatte Erik dem Rothen lange Jahre gedient, des Sommers als Jäger und des Winters als Hausvogt. Er war groß und stark, hatte eine schwärzliche Gesichtsfarbe und glich einem Riesen; er sprach nur wenig und sagte er einmal etwas, so war es nichts Gutes; er gab Erik stets die schlechtesten Rathschläge und stachelte ihn zu bösen Thaten an, auch war er ein schlechter Christ. Jetzt verschwand er plötzlich, und nachdem man drei Tage nach ihm gesucht hatte, fand man ihn endlich auf einem Felsvorsprung; dort lag er, starrte in die Luft, sperrte Mund und Nase auf und murmelte etwas vor sich hin. Sie fragten ihn, was er dort thue, er aber antwortete ihnen, daß es sie nichts angehe. Eine kleine Weile nachher trieb ein Wallfisch ans Land, sie fielen über denselben her und schnitten den Speck heraus, aber niemand unter ihnen wußte, was für eine Art Wallfisch es sei, und als sie das Fleisch gekocht und davon gegessen hatten, wurden sie Alle krank danach, und da kam es denn an den Tag, daß Thorhall den Wallfisch verschafft hatte, indem er sich mit seiner Bitte an Thor gewendet hatte „denn," sagte er, „auf den ist weit mehr Verlaß als auf eueren Christus". Als sie das hörten, warfen sie den Wallfisch wieder in die See und flehten abermals zu Gott, und nun veränderte sich auch wirklich das Wetter, so daß sie hinausrudern konnten; auch gebrach es ihnen fortan nicht mehr an Lebensmitteln, denn es gab wieder Thiere auf dem Lande, die sie jagen, sowie Eier auf der Insel, die sie sammeln, und Fische im Wasser, die sie fangen konnten.

Thorhall jedoch gefiel der Aufenthalt dort nicht länger,

denn er meinte, das Land sei nicht werth, um darin zu leben; er nahm acht andere Männer mit sich und sie segelten von dannen. Statt jedoch nach Vinland zu kommen, wie sie beabsichtigten, trieb sie der Sturm nach Island, wo Thorhall getödtet und die anderen zu Leibeigenen gemacht wurden.

Karlsefni zog mit den anderen Mannen gen Süden an der Küste entlang, bis sie an einen Fluß kamen, der sich aus einem Binnensee in das Meer ergoß; den segelten sie hinauf. Auf dem Lande fanden sie weite Felder mit wildem Weizen, und überall in den Wäldern fanden sie Weinranken. Jeder Bach war voller Fische, und wenn sie dort, wo die Fluth am höchsten war, Vertiefungen gruben, konnten sie sicher sein, die selben zur Ebbezeit mit Schollen angefüllt zu finden. Die Wälder wimmelten von allerlei Gethier. Sie schlugen ihre Hütten an der See auf und lebten dort den Winter über in Lust und Freude. Es fiel kein Schnee und das Vieh konnte auf den Weiden bleiben und hatte stets reichlich Futter.

Eines Morgens erblickten sie eine große Anzahl von Fellbooten; die Insassen derselben schwangen Stangen in der Richtung des Sonnenlaufes, und es klang, als wenn Dreschflegel geschwungen würden. „Was hat das nur zu bedeuten?" sagte Karlsefni. „Kann sein," meinte Thorbrandsjön, „daß es ein Friedenszeichen ist; laß uns ein weißes Schild nehmen und es ihnen entgegenhalten," — (das war nämlich das Friedenszeichen der Skandinavier). Gesagt, gethan. Da ruderten denn die Leute in den Fellbooten auf sie zu, staunten die Fremden an, die sie sahen, und gingen ans Land. Sie sahen schwärzlich und bösartig aus, hatten struppiges Haar, große Augen und breite Backenknochen. Sie verweilten ein wenig und wunderten sich über alles, was sie sahen, dann ruderten sie südwärts um das Vorgebirge herum. Als es Frühling wurde, sahen sie wieder eine Menge Fellboote heranrudern, es waren derer so viele, daß es fast aussah, als sei die ganze Bucht mit Kohlen bestreut, und in jedem Boot wurden Stangen geschwungen. Da schwangen denn Karlsefni und seine Leute ihre Schilder, und als die Fremden gelandet waren, wurde ein Markt abgehalten. Die Insassen der Boote wollten am liebsten rothes Zeug haben; sie tauschten dasselbe gegen Pelzwerk ein, welches sie mitgebracht hatten. Sie wollten auch Schwerter und Spieße kaufen, aber Karlsefni und Snorre verboten ihren Mannen, diese zu verkaufen. Die Eingeborenen gaben ein ganzes graues Fell für ein Stück rothen Zeuges von der Länge einer Spanne, das sie um den Kopf banden. Als das rothe Zeug allmählich knapper wurde, zerschnitt man es in kleine, fingerbreite Stückchen, aber die Eingeborenen gaben dafür ebensoviel als vorhin, ja noch mehr. Während der Handel noch in vollem Gange war, trug es sich zu, daß ein Stier, den Karlsefni aus der Heimath mitgebracht hatte, laut brüllte. Die Eingeborenen erschraken so heftig darüber, daß sie zu ihren Booten liefen und an der Küste entlang ruderten, und drei volle Wochen sahen die Nordländer nichts wieder von ihnen. Als aber diese Zeit verflossen war, erblickten sie eines Tages eine Unmenge von Eingeborenen, die sich gleich einem ungeheuren Strom von Süden her in Booten näherten; diesmal schwangen sie jedoch ihre Stangen gegen die Sonne und heulten laut. Da nahmen Karlsefni und seine Mannen ein rothes Schild — das Zeichen des Kampfes — und hielten es ihnen entgegen. Die Eingeborenen sprangen aus ihren Booten, sie zogen gegen einander, und der Kampf begann. Es regnete Steine und Pfeile auf Karlsefni und seine Mannen herab, denn die Eingeborenen hatten Wurfgeschosse und Bogen, auch befestigten sie eine sehr schwere Kugel, die, von bläulicher Farbe, fast aussah wie ein Schafsmagen an einer hohen Stange und schleuderten dieselbe von der Stange herab zwischen Karlsefnis Mannen, und es gab ein entsetzliches Getöse, wo diese

Kugel zur Erde fiel. Hierüber erschraken Karlsefni und seine Mannen so sehr, daß sie nur an die Flucht dachten, und sie hielten nicht eher inne, als bis sie an einige Felsen gelangten, wo sie sich tapfer zur Wehr setzten. Fröjbis kam heraus und sah, daß Karlsefni und seine Mannen im Rückzug begriffen waren; sie rief ihnen zu: „Warum flieht ihr vor diesen Schwächlingen, ihr, die ihr so starke Männer seid? Ich sollte doch meinen, ihr müßtet sie wie Hausvieh abschlachten können; hätte ich nur Waffen, ich wollte schon besser kämpfen als ihr!"

Sie achteten ihrer Rede nicht, Fröjbis aber konnte nur langsam aus der Stelle kommen, denn sie war guter Hoffnung, aber trotzdem folgte sie ihnen in den Wald. Die Eingeborenen setzten hinter ihr her; sie fand einen Mann todt am Wege liegen, — ein flacher Stein war ihm in die Schläfe gedrungen; sein Schwert lag neben ihm, das nahm sie und bereitete sich auf eine Vertheidigung vor. Als die Eingeborenen sich ihr näherten, entblößte sie ihre Brust und legte über dieselbe das blanke Schwert, und darüber erschraken die Eingeborenen sehr, sie entflohen zu ihren Booten und ruderten von dannen. Karlsefni und seine Mannen kehrten nun zu Fröjbis zurück und lobten sie ob ihres Muthes. Es waren nur zwei von den Ihren gefallen, aber eine große Zahl der Eingeborenen. Die Nordländer hatten der Uebermacht weichen müssen, jetzt gingen sie heim zu ihren Hütten und verbanden ihre Wunden.

Karlsefni und seine Mannen sahen jetzt ein, daß sie, obwohl das Land so schön war, doch nicht dort bleiben konnten, da sie in stetem Kampf mit den Eingeborenen leben müßten. Sie schickten sich deswegen zur Abreise an und beschlossen in ihr eigenes Land zurückzukehren, und sie segelten an der Küste entlang gen Norden. So kamen sie nach Strömfjord zurück, wo sie alle Lebensbedürfnisse in Hülle und Fülle vorfanden, und hier blieben Bjarne und Gudrid mit 100 Mann. Karlsefni und Snorre zogen weiter, aber sie mußten umwenden und zu den Anderen zurückkehren und den Winter in Strömfjord zubringen. Es ging ziemlich unruhig zu, denn die unverheiratheten Männer wollten die verheiratheten Frauen nicht in Frieden lassen, und es herrschte große Uneinigkeit unter ihnen. Schließlich kam der Frühling und dann segelten sie Alle fort von Vinland.

Zuerst kamen sie nach Markland, wo sie fünf Eingeborene trafen; der eine von diesen hatte einen Bart, zwei waren Weiber und zwei Kinder. Sie griffen die Knaben, die Anderen aber entkamen, und es schien ihnen fast, als versänken sie in den Erdboden. Sie nahmen die Knaben mit sich und lehrten sie die nordische Sprache und tauften sie. Durch sie erfuhren die Nordländer viel über die Sitten und Verhältnisse des Landes. Das Volk wurde von zwei Königen regiert, der eine hieß Avaldania, der andere Valdidida; es gab in dem ganzen Lande keine Häuser, die Leute schliefen in den Höhlen oder zwischen den Klippen; auf der anderen Seite, dem ihren gegenüber, läge ein Land, erzählten sie, dort wohnten Menschen, welche in weißen Kleidern einhergingen und Stangen in den Händen trügen, an denen weiße Zipfel befestigt seien, und dann sängen und riefen sie laut. — Das, meint man, muß das Land der weißen Männer oder Groß-Irland gewesen sein.

Das Schiff, welches Bjarne Grimolfssön befehligte, wurde von dem Sturm nach Irland hin verschlagen, und das Schiff fing an zu sinken. Sie hatten aber nur ein Boot, das zu gebrauchen war, und das setzten sie aus; und als sie erkannten, daß dasselbe nur die Hälfte von ihnen fassen konnte, ließ Bjarne das Los ziehen, „denn," sagte er, „hierbei soll es nicht nach Rang und Ansehen gehen. Und das Los wollte es, daß Bjarne unter denen war, die in das Boot sollten. Als sie aber Alle in das Boot gestiegen waren, sagte ein

Isländer, der zurückbleiben sollte: „Gedenkst Du Dich jetzt von mir zu trennen, Bjarne?" „Das Schicksal will es nun einmal so," erwiderte Bjarne. „Und doch gelobtest Du meinem Vater als ich mit Dir von Island fuhr, daß Du Dich nicht von mir trennen wolltest; da sagtest Du, daß uns stets dasselbe Los treffen sollte." „Nun denn, so soll es anders sein," antwortete Bjarne. „Gehe Du ins Boot, dann kehre ich auf das Schiff zurück, denn ich sehe, wie sehr Dir daran liegt, Dein Leben in Sicherheit zu bringen." Bjarne ging wieder an Bord des Schiffes, und der Isländer stieg in das Boot hinab, und sie segelten von dannen und kamen nach Dublin, wo sie erzählten, was sich zugetragen. Es wird aber allgemein angenommen, daß Bjarne und die anderen Leute mit dem Schiffe zu Grunde gegangen und umgekommen sind, denn man hat niemals wieder von ihnen gehört.

Karlsefni kehrte nach Eriksfjord auf Grönland zurück, und wenige Jahre später segelte er nach Island, wo er sich niederließ und der Stammvater eines ansehnlichen Geschlechtes wurde. Auf der Vinlandsreise, die wir vorhin geschildert haben, gebar ihm sein Weib einen Sohn, der den Namen Snorre erhielt. Derselbe ward im Jahre 1008 in dem heutigen Massachusetts geboren und ist der erste weiße Mann, von dem man weiß, daß er in Amerika das Licht der Welt erblickt hatte.

Von Snorre Karlsefni stammen eine ganze Menge hervorragender Männer ab, die sich sowohl als Gelehrte als auch auf andere Weise sowohl in Dänemark als auch in Island ausgezeichnet haben, so unter anderen der bekannte Bildhauer Albert Thorwaldsen.

XV.

Auf einem Felsen an dem rechten Ufer des Tauntonflusses in Massachusetts, an derselben Stelle, wo die Nordländer sich aufhielten, befindet sich eine Inschrift, welche allgemein unter dem Namen Dighton-Felsenrunen bekannt ist. Die Schriftzeichen, in welchen diese Runen abgefaßt sind, waren niemals unter den Eingeborenen gebräuchlich. Die Schrift wurde von Dr. Danforth schon im Jahre 1680 abgezeichnet, von Cotton Mather 1712, von Dr. Greenwood 1730, von Stephen Sewell 1768, von James Winthrop 1788 und in diesem Jahrhundert mindestens viermal. Dieselbe war schon unter den ersten Kolonisten in Neu-England bekannt, lange ehe das Geringste über die Entdeckung Amerikas durch die Nordländer verlautete.

In der Mitte steht nach Professor C. Rafus Auslegung der Inschrift die römische Chiffer CXXXI, d. h. 151, denn die Isländer rechneten zwölf Zehner auf das Hundert. Das ist die genaue Zahl der Mannen Thorfins. Hinter der Zahl steht ein N. dann folgt die Abbildung eines Bootes und das Runenzeichen für M. was wohl „N(orwegische) Schiffsmänner" heißen soll. Dann kommen die Buchstaben N A M — Imperfekt des Verbes nema, nehmen, — was im Altnordischen gewöhnlich in der Bedeutung „Land nehmen" gebraucht wird. Vor der Zahl steht Thorfins Name, nur die Buchstaben (Th) fehlen. Folglich steht auf dem Felsen:

O R ? I N. CXXXI. N (Bild eines Bootes) M. N A M. was ?... ..er Rafn so deutet: „Thorfin mit 151 norwegischen Schiff.... .. nahm das Land."

Ganz unten zur Linken ist eine weibliche Gestalt und ein Kind abgebildet, und daneben steht ein S, was unwillkürlich den Gedanken auf Gudrid und ihren Sohn Snorre lenkt, wie denn überall, wenn man Professor Rafns Auffassung und Wiedergabe für richtig hält, die Dighton-Felsenrunen ein unc.....bares Zeugniß sind für den Aufenthalt der Nordländer und ...orfin Karlsefnis zu Anfang des elften Jahrhunderts am Tauntonfluß. Wir wissen wohl, daß die dänischen Runologen die Dighton-Felsenschrift nicht auf die Skandinavier zurückführen, doch halten wir ihre Kritik nicht für hinreichend begründet. Denn erstens hat niemand behauptet, daß die Schriftzeichen Runen sind; sie bestehen zum größten Theil aus lateinischen Zahlen und Buchstaben, und Professor Rafn hat nur zwei von ihnen als Runen bezeichnet. Und zweitens hat weder Stephens noch Worsaae jemals die Inschrift untersucht. Sobald eine genaue Untersuchung von den genannten Autoritäten vorliegt, sind wir bereit, uns ihrer Entscheidung zu fügen, so lange müssen wir aber an unserer Auffassung festhalten, daß wir es hier mit einem Antiken an die Norweger zu thun haben.

Ich will hier ein..... Briefe mittheilen, die ich von Herrn Elisha Slade in Somerset, Bristol County, Massachusetts, erhalten habe und die sich auf die Felseninschrift beziehen.

Somerset, Bristol County, Mass., 17. Dec. 1875.

Hochgeehrter Herr! Ich habe das Vergnügen, Ihnen anbei das Stereoskopbild des bekannten Digthon-Felsens zu senden, der auf der Ebbelinie im Tauntonflusse auf dem östlichen Ufer $^3/_4$ Meilen nördlich von Somerset liegt. Dieser Felsen ist, wie Sie wissen, zu verschiedenen Zeiten seit der ersten Landung der Pilgrime Gegenstand mancher gelehrten Verhandlung gewesen.

In geologischer Hinsicht besteht der Dighton-Felsen aus kieselartigem Sandstein aus der letzten silurischen Periode und gehört, soweit ich es beurtheilen kann, zu der Helderberggruppe. Die Schichten laufen, wie Sie hier auf dem Bilde sehen können, parallel mit der Oberfläche und haben sich wahrscheinlich in stillem Gewässer abgelagert.

Ich habe den Felsen sorgfältig gemessen und meine Maße haben folgendes Resultat ergeben:

Die Seite des Felsens, auf der sich die Schriftzeichen befinden, bildet einen Abhang von 47°, und die Oberfläche, die sich nach dem Wasser zu abschrägt, hat eine Ausdehnung von 25°.

Die Durchschnittshöhe des Felsens beträgt 1,293 Meter.
Die Durchschnittslänge ist 1,768 Meter.
Die Durchschnittsbreite ist 3,384 Meter.
Der Kubikinhalt über der Wasserfläche beträgt 3,871 Kubikmeter.

Der Felsen wiegt 9 071 023 Kilogramm. Bei Hochwasser ist der Felsen fast völlig unter Wasser und kann nur zur Ebbezeit ordentlich untersucht werden.

Die Schrift ist $^1/_8$ bis $^3/_8$ Zoll tief. Als die Photographie angefertigt wurde, machte ich selber fast alle Kreidezeichen. Nur dort, wo die Schrift im Felsen ganz deutlich war, wurde Kreide angewendet. Verschiedene Stellen, wo die Schrift zum Theil undeutlich geworden, blieben völlig unberührt.

Ergebenst

Elisha Slade.

Es ist so oft behauptet worden, daß die Schriftzeichen in dem Dighton-Felsen nichts anderes sind als „Indianer Kritzeleien". Ich schrieb deswegen an Herrn Slade und fragte ihn, ob dieselben seiner Ueberzeugung nach mit Steingeräthschaften gemacht sein können. Er antwortete wie folgt:

Somerset, Bristol County, Mass., 13. März 1876.

Hochgeehrter Herr! Sie wünschen meine Ansicht darüber zu wissen, mit welcher Art von Geräthschaften die Inschrift auf den Dighton-Felsen geritzt worden ist. Ich glaube, daß es eiserne Werkzeuge gewesen sind und daß eine geübte Hand dieselben geführt hat. Meine Meinung hat in einer solchen Frage wohl nichts zu bedeuten, aber ich habe doch Inschriften gesehen, die zweifellos von Eingeborenen und zwar mit Hülfe von Steinwerkzeugen ausgeführt sind. Dieselben waren nicht annähernd so scharf ausgeprägt wie diejenigen, von denen hier die Rede

ist. Ich kann nicht glauben, daß diese Inschrift von jenen
trägen Indianern herrührt, die uns Schoolcraft schildert.

Der Besuch der Nordländer in Neu-England interessirt mich
in höchstem Grade, denn Thorfin muß die Umgegend meines
Geburtsortes Somerset genau gekannt haben. Er muß den
Tauntonfluß gesehen haben, wie ich ihn sehe, mit dem Mount
Hope und der Narragansett-Bucht, er muß die Sonne von
805 über denselben Höhen aufgehen und hinter denselben Berg-
spitzen haben schwinden sehen. Es ist nicht unmöglich, daß
Snorre in Somerset geboren ward!

Ergebenst
Elisha Slade.

XVI.

In demselben Sommer, in welchem Karlsefni aus Vinland heimkehrte, kam ein Schiff aus Norwegen nach Grönland;
dasselbe wurde von den Brüdern Helge und Finboge, die
aus Oestfjordene in Island stammten, befehligt. Sie blieben
den Winter über in Grönland. Es war wieder viel die Rede
von einer Fahrt nach Vinland, denn man hoffte durch eine
solche Reise Ruhm und Reichthum zu erlangen.

Fröjdis, die Tochter Eriks des Rothen, begab sich zu
Helge und Finboge und machte ihnen den Vorschlag, in Ge-
meinschaft mit ihr die Fahrt zu unternehmen und den Gewinnst
derselben mit ihr zu theilen. Sie gingen darauf ein und sie
begab sich zu ihrem Bruder Leif und bat ihn, ihr die Häuser
zu schenken, die er in Vinland hatte bauen lassen; er aber
antwortete, daß er sie ihr wohl leihen, nicht aber schenken
wollte. Die Brüder und Fröjdis verabredeten, daß jeder von
ihnen außer den Frauen 30 kampffähige Männer auf dem
Schiffe haben solle, Fröjdis aber brach gleich den Vertrag,
indem sie fünf Männer mehr mitnahm und dieselben verbarg,
so daß die Brüder es nicht merkten, bis sie in Vinland landeten.

Die Brüder kamen jedoch etwas vor Fröjdis dort an und ließen sofort ihre Güter in Leifs Häuser bringen; als aber Fröjdis landete, löschten auch ihre Mannen das Schiff und trugen die Ladung nach den Häusern. „Wozu habt Ihr Eure Güter hierher bringen lassen?" fragte Fröjdis. „Weil wir dachten, daß es bei unserer Verabredung bleiben sollte," erwiderten sie. „Leif hat mir die Häuser geliehen und nicht Euch," sagte Fröjdis. „Bei einem Streit mit Dir würden wir den Kürzeren ziehen," sagte Helge, und sie trugen ihr Hab und Gut aus den Häusern und bauten sich weiter vom Meere entfernt an dem Ufer eines Sees ein Haus und richteten sich dort so gut ein, wie sie konnten.

Als nun der Winter kam, schlugen die Brüder vor, daß man gemeinsame Spiele veranstalte, um sich die Zeit zu vertreiben; das ging auch eine Zeit lang gut, dann aber geriethen die Leute in Streit miteinander, man verunreinigte sich, die Spiele hörten auf, und es war fortan kein Verkehr mehr zwischen den Häusern. So ging es bis tief in den Winter hinein.

Da geschah es, daß Fröjdis eines Morgens in aller Frühe aus dem Bette stieg, aber nichts auf die Füße zog. Es war in der Nacht starker Thau gefallen. Sie hüllte sich in den Mantel ihres Mannes und ging bis vor die Thür der Brüder. Kurz zuvor war ein Mann draußen gewesen und hatte die Thür nicht wieder fest geschlossen. Sie öffnete dieselbe und blieb eine Weile auf der Schwelle stehen. Finboge, der am äußersten Ende der Stube lag, war wach. „Was willst Du hier, Fröjdis," sagte er. „Ich will, daß Du aufstehst und mit mir vor die Thür gehst," erwiderte sie, „denn ich habe mit Dir zu reden." Er that das auch, und sie setzten sich auf einen Baumstamm, der an der Wand des Hauses lag. „Wie gefällt es dir hier?" fragte sie. „Das Land gefällt mir wohl," erwiderte er, „schlecht aber will mir die Feindschaft gefallen, die zwischen uns herrscht, denn ich meine, es ist im Grunde keine Veranlassung dazu." „Darin hast Du Recht," sagte sie, „das finde ich auch; ich kam hierher, um Dich zu fragen, ob Du und Dein Bruder einen Tausch mit mir machen und mir euer Schiff überlassen wollt, denn das eure ist größer als das meine, und ich wollte gern fort von hier." „Auf den Vorschlag gehe ich ein," sagte er, „falls Du dann zufrieden sein willst." Und damit trennten sie sich. Sie ging heim, und Finboge kehrte wieder in sein Haus zurück und legte sich schlafen.

Als aber Fröjdis wieder in ihr Bette kam, waren ihre Füße kalt. Thorvard erwachte und fragte: „Wie bist Du so kalt und naß geworden?" Sie entgegnete ihm voller Zorn: „Ich bin bei den Brüdern gewesen und wollte mit ihnen um ihr Schiff handeln, denn ich wollte eins haben, welches größer ist als das meine, sie aber wurden so zornig darob, daß sie mich schlugen und mich übel zurichteten. Und Du, Feigling, wirst weder meine noch Deine Schmach retten; ich merke nur zu gut, daß ich nicht in Grönland bin, aber ich werde nicht bei Dir bleiben, falls Du das Geschehene nicht rächst." Er konnte ihren bösen Worten nicht widerstehen, deshalb hieß er seine Mannen aufstehen und zu den Waffen greifen. Das thaten sie auch und begaben sich sogleich nach dem Hause der Brüder, fielen über diese, die friedlich schlafend dalagen, her, griffen und banden sie und führten die so Gebundenen ins Freie, und Fröjdis ließ sie tödten, einen nach dem anderen, sowie sie aus dem Hause herauskamen.

Die Männer waren jetzt alle getödtet, und es waren nur noch die Frauen übriggeblieben, die aber wollte Niemand tödten. „Gebt mir eine Axt," sagte Fröjdis, und als sie dieselbe erhalten hatte, erschlug sie die fünf Frauen und ging erst von ihnen, nachdem sie ihren Geist aufgegeben hatten. Nach dieser Unthat kehrten sie in ihr Haus zurück, und Fröjbis war nicht das Geringste anzumerken, — im Gegentheil, sie meinte, daß sie sehr wohl daran gethan habe; zu ihren Genossen aber sagte sie: „Sollte es uns beschieden sein, nach Grönland zurückzukehren, so soll der Mann, der verräth, was sich hier zugetragen, des Todes sein; wir wollen sagen, die Anderen seien hier zurückgeblieben, als wir von hinnen fuhren."

Sobald es Frühling geworden, machten sie das Schiff, welches bis dahin die beiden Brüder geführt hatten, segelklar, beluden es mit soviel guten Dingen, wie es nur tragen konnte, stachen dann in See und hatten eine günstige Reise, so daß sie schon früh im Sommer Eriksfjord erreichten. Fröjbis gab allen ihren Mannen reiche Geschenke, damit sie schweigen sollten, aber es ward doch ruchbar, was sie gethan, und schließlich erhielt auch ihr Bruder Leif Kunde davon. Diese Nachricht gefiel ihm jedoch nicht. Er ließ drei Männer aus Fröjbis' Gefolge greifen und solange foltern, bis sie ihm die ganze Begebenheit wahrheitsgetreu mittheilten; und die Aussagen von den Dreien stimmten genau überein.

„Ich kann nicht gegen Fröjbis handeln, wie sie es wohl verdient hat," sagte er, „das aber weiß ich, ihre Nachkommen werden nicht gedeihen!" Und von Stund' an gab es niemand, der nicht gemeint hätte, daß sie nur Unglück verdienten.

XVII.

Der Theil von Amerika, mit dem die Nordländer hauptsächlich in Berührung kamen und mit welchem sie lange Zeit hindurch eine Verbindung aufrechterhielten, war Vinland, aber hin und wieder besuchten sie auch südlichere Gegenden, besonders das schon im ersten Abschnitt besprochene „Groß-Irland", dessen Bevölkerung, von der nicht allein die Berichte der Nordländer, sondern auch indianische Ueberlieferungen erzählen, irischen Ursprungs gewesen zu sein scheint.

Dorthin wurde im Jahre 983 Are Maarssön vom Sturm verschlagen, und dort scheint er als Häuptling der weißen Männer eines großen Ansehens genossen zu haben. Es ist wahrscheinlich auch dasselbe Land — die Gegend südlich von der Cheasapeake-Bucht —, von welchem in dem folgenden Bericht die Rede ist.

In dem westlichen Theil von Island wohnte ein Mann Namens Björn Asbrandssön, der Bredevigsriese genannt. Dieser gerieth mit dem mächtigen Häuptling Snorre Gode infolge eines Liebesverhältnisses zwischen Björn und Snorres Schwester Thurid in Streit. Auf Snorres Rath wurde Thurids Gemahl Thorod gegen Björn klagbar und erreichte es, daß derselbe auf drei Jahre des Landes verwiesen ward.

Nachdem er viele Länder durchstreift und sich großen Ruhm erworben hatte, — er fand unter anderem eine Zeit lang Aufnahme in dem bekannten Vikingerlager in Jomsborg unter Palnatoke — kehrte er nach Verlauf der drei Jahre wieder nach Island zurück, wo er sofort sein Verhältniß mit Thurid von neuem anknüpfte. Ein Sohn Thurids, der in dem Jahre geboren war, als er fortzog, wurde allgemein als der seine angesehen. Die Feindseligkeiten brachen denn auch bald wieder aus, und schließlich mußte Björn versprechen, Island für immer zu verlassen. Dies geschah im Jahre 999 und während vieler Jahre hörte man nichts von ihm.

Da geschah es, daß Gudleif Gudlaugssön im Jahre 1029, als er von Dublin in die Heimath zurückkehren wollte, durch den Sturm an ein unbekanntes Land verschlagen wurde (siehe S. 5).

Als sie sich eine kurze Zeit am Lande aufgehalten hatten, kamen Leute zu ihnen; sie kannten sie nicht, aber es schien ihnen, als gliche die Sprache derselben dem Irischen. Es kamen bald so viele, daß es wohl mehrere Hundert sein mochten. Diese Männer fielen über sie her, fingen sie alle, banden sie und trieben sie landeinwärts. Dort wurden sie vor eine Versammlung gestellt, um ihr Urtheil zu empfangen; sie verstanden soviel von den Verhandlungen, daß einige von den Männern ihren Tod verlangten, während andere den Vorschlag machten, sie in den verschiedenen Ansiedelungen zu vertheilen und Leibeigene aus ihnen zu machen. Und während man hierüber noch in Uneinigkeit war, sahen sie plötzlich, daß eine große Schar Berittener, die ein Banner in ihrer Mitte trugen, auf sie zukam. Sie konnten erkennen, daß sich ein Häuptling in der Schaar befinden müsse. Als die Reiter sich ihnen näherten, erblickten sie unter dem Banner einen großen, stattlichen Mann zu Pferde; derselbe hatte weißes Haar und war hochbejahrt. Und Alle beugten sich vor dem Manne und empfingen ihn, so gut sie nur konnten. Sie merkten bald, daß die Entscheidung über ihr Los seinem Gutdünken überlassen wurde. Nach einer Weile ließ dieser Mann Gudleif und seine Leute vor sich führen, redete sie auf Norwegisch an und fragte, aus welchem Lande sie stammten. Da erwiderten sie denn, daß die meisten unter ihnen Isländer seien, und er fragte weiter, wer denn von ihnen aus Island sei. Gudleif antwortete, daß er dort zu Hause sei, und der alte Mann wollte wissen, aus welchem Theil des Landes er käme, und Gudleif versetzte: „Aus dem Bezirk, welchen man Borgarfjord nennt. Und wiederum fragte der Alte, aus welchem Theil von Borgarfjord, und Gudleif sagte ihm das genau so, wie es sich verhielt. Darauf erkundigte der Mann sich nach den angesehensten Leuten in Borgarfjord, und vor allen Dingen wollte er Nachricht von Snorre Gode, von seiner Schwester Thurid und derem Sohne Kjartan haben. Die Bewohner murrten jedoch und verlangten, daß er eine Entscheidung träfe.

Da entfernte sich der Greis von den Isländern, nahm zwölf seiner Mannen mit sich, und sie saßen lange und berathschlagten miteinander. Als sie sich wieder bei dem versammelten Volke einfanden, sagte der alte Mann zu Gudleif: „Ich und die Bewohner des Landes haben eure Sache miteinander beredet, und das Volk hat mir die Entscheidung derselben überlassen; ich aber will euch die Erlaubniß geben, zu reisen, wohin ihr wollt; aber, obwohl der Sommer fast vorüber ist, will ich euch doch den Rath geben, von dannen zu ziehen, denn auf das Volk hier kann man sich nicht verlassen, es ist nicht gut umgehen mit ihnen und sie meinen jetzt, daß das Gesetz zu ihrem Nachtheil gebrochen ist." Gudleif antwortete: „Was sollen wir sagen, wenn das Schicksal es uns vergönnt, in unser Vaterland heimzukehren? Wer bist Du, der uns die Freiheit geschenkt hat?" „Das will ich euch nicht sagen," erwiderte der Mann, „denn es sollte mir leid thun, wenn es meinen Blutsverwandten und Pflegebrüdern so ergangen wäre, wie es euch unfehlbar ergangen sein würde, wenn ihr nicht durch meine Hülfe gerettet wäret. Jetzt aber bin ich so alt, daß ich jeden Augenblick erwarten kann, daß das Alter mich bezwingt und selbst, wenn ich noch eine Weile lebe, so giebt es hier weit mächtigere Leute als ich es bin, und diese werden keinen Frieden mit den Ausländern halten, die hierherkommen; freilich wohnen diese Männer nicht in der Nähe des Ortes, wo ihr landetet." Darauf ließ er ihr Schiff klar machen und blieb bei ihnen, bis sie günstigen Wind hatten. Ehe sie jedoch von einander schieden, zog der Greis einen goldenen Ring von seinem Arm und gab Gudleif denselben mitsammt einem guten Schwert. „Falls das Schicksal es Dir vergönnt, nach Island heimzukehren," sagte er, „so sollst Du dies Schwert dem Bauern Kjartan auf Frodaa bringen, den Ring aber seiner Mutter Thurid geben." Gudleif fragte: „Was soll ich sagen, wer ihnen diese Kostbarkeiten sendet?"

„Sage," erwiderte der Greis, „daß derjenige sie sendet, der ein besserer Freund der Hausfrau auf Frodaa war als ihres Bruders, des Goden auf Helgafsaeld; wenn aber jemand vermeinen sollte, daß er errathen kann, wer der Besitzer dieser Kostbarkeiten gewesen, so sage nur, daß ich jedem verbiete, mir nachzuziehen, denn das ist ein gefahrvoll Ding, wenn die Leute nicht zufälligerweise einen so glücklichen Landungsplatz treffen als ihr. Das Land hier ist groß, aber es hat nur wenige Häfen, und überall droht den Ausländern Verderben, wenn sie es nicht so glücklich treffen, wie es euch vergönnt war."

Darauf ging Gudleif mit seinen Mannen in See und sie landeten im Spätherbst in Irland und blieben den Winter über in Dublin. Aber im nächsten Sommer fuhren sie nach Island, und Gudleif lieferte Ring und Schwert ab, wie er versprochen hatte. Das Volk aber auf Island war fest überzeugt, daß dieser Mann Björn Bredevigskämpe gewesen sei; dies aber ist Alles, was man von der Sage weiß.

Die Verbindung zwischen Norwegen, Island und Amerika mit Grönland als Mittelland währte, wie schon erwähnt, nach den Andeutungen in den alten Sagen mehrere Jahrhunderte lang. Hauptsächlich holten die Nordländer Brennholz aus den amerikanischen Küstenländern. Zu einer Kolonisirung der Ostküste von Amerika kam es jedoch niemals. Die letzte Vinlandsfahrt, von der berichtet wird, fand im Jahre 1347 statt, aber gerade zu der Zeit (1347—1351) raste in Europa die schreckliche Seuche, „der schwarze Tod", und als dieselbe auch Island und Grönland erreichte, hörte die Verbindung mit Vinland auf, und auch die im Verhältniß zu dem rauhen Klima recht blühende norwegische Kolonie auf Grönland, welches um die Mitte des dreizehnten Jahrhunderts ebenso wie Island der norwegischen Krone unterworfen wurde, siechte allmählich hin, und im Jahre 1520

wurde dieselbe aufgegeben, nachdem schon längere Zeit hindurch
kein Verkehr mehr stattgefunden. Als die Europäer im sechs-
zehnten Jahrhundert Grönland wiederfanden, war die norwegische
Kolonie spurlos verschwunden.

XVIII.

Wir wollen hier auf einige der Fäden aufmerksam machen,
welche die Entdeckung Amerikas durch Columbus mit der der
Nordländer verknüpfen.

1. Aus einem Briefe, den Columbus selber geschrieben
und der in Washingtons Irvings Werk[9] angeführt ist, geht
mit Bestimmtheit hervor, daß er, während der Plan einer Entdeckungsreise gen Westen in seinem Innern reifte, eine Reise
nach Nordeuropa unternahm und Island besuchte. Dies geschah
im Februar 1477 und während seiner Unterredungen mit dem
Bischof und anderen gelehrten Isländern muß er von der merk-
würdigen Thatsache gehört haben, daß ihre Landsleute ein
großes Land im Westen entdeckt hatten, ein Land, das sich weit
nach Süden hinuntererstreckte. Dies hat der große Geograph
und Seefahrer mit dem lebhaften, grübelnden Geist nicht gleich-
gültig mit anhören können. Wie der Leser sich erinnern wird, waren
bei dem Besuche des Columbus auf Island im Jahre 1477,
also 15 Jahre vor der Entdeckung von Amerika, nur 130 Jahre
vergangen, seit die letzte Vinlandsreise stattgefunden. Es lebten
ohne Zweifel noch Leute, deren Großväter über das atlantische
Meer gefahren waren, und es ist ganz unmöglich, daß er,
der stets über Geographie und Seereisen grübelte und sich mit
Vorliebe davon unterhielt, sich längere Zeit auf Island aufgehalten haben sollte, ohne etwas von dem im Westen liegenden
Lande zu hören.

2. Gudrid, Thorfins Gemahlin, die Mutter Snorres
unternahm nach dem Tode ihres Mannes eine Pilgerreise nach

Rom. Es wird berichtet, daß sie wohl empfangen ward, und sie wird sicher von ihrer Reise über den Ozean, sowie von ihrem dreijährigen Aufenthalt in Vinland erzählt haben. Man verfolgte in Rom mit der größten Aufmerksamkeit die geographischen Entdeckungen und scheute keine Mühe, alle neuen Karten und Berichte zu sammeln. Jede neue Entdeckung war eine Erweiterung der Herrschaft des Papstes, ein neues Feld für die Verkündigung des Evangeliums. Die Römer hatten möglicherweise schon früher von Vinland gehört, Gudrid aber brachte das erste persönliche Zeugniß von der Existenz des Landes.

3. Daß man im Vatikan von dem Vorhandensein Vinlands Kunde hatte, geht deutlich aus dem Umstande hervor, daß der Papst Paschalis II. im Jahre 1112 Erik Upsi zum Bischof von Island, Grönland und Vinland ernannte; und Erik Upsi zog im Jahre 1121 selber nach Grönland.

4. Neuere Forschungen über Columbus scheinen den Beweis zu liefern, daß er Gelegenheit hatte, eine Karte von Vinland zu sehen, welche vom Vatikan zum Gebrauch der Pinzonen beschafft war, und bei den nautischen Kenntnissen, die er besaß, müßte es uns wirklich mehr Wunder nehmen, wenn er nichts von Amerika gehört hätte, als wenn er etwas davon erfahren hätte. Man darf nicht vergessen, daß Columbus im Zeitalter der Entdeckungen lebte. England, Frankreich, Portugal und Spanien wetteiferten, neue Länder zu entdecken und ihre Gebiete zu erweitern.

5. Außer dem Zeugniß der alten Sagen, des Dighton-Felsens und anderer Denkmäler, wie z. B. des Newport-Thurmes, der wahrscheinlich auch von den Nord-Skandinaviern herstammt, — die Indianer erzählten den Kolonisten in Neu-England, daß derselbe von Riesen gebaut worden sei, und die Nordländer müssen sich ja auch in den Augen der Eingeborenen wie Riesen ausgenommen haben —, und endlich außer dem schon erwähnten Skelett eines Mannes in kriegerischem Gewande haben wir noch

einen beachtungswerthen Bericht von der Entdeckung Amerikas durch die Nordländer und zwar in einem Buche von Adam von Bremen, jenem angesehenen Geistlichen und rühmlich bekannten Geschichtsschreiber, der im Jahre 1076 starb. Er besuchte den dänischen König Svend Estridssön und schrieb, in die Heimath zurückgekehrt, ein Buch über die Ausbreitung des Christenthums in Nordeuropa. Diesem Buche fügt er einen Abschnitt über die Lage Dänemarks und einiger anderer Länder bei. Nachdem er über Dänemark, Schweden, Norwegen und Island gesprochen hat, sagt er, daß es außer den eben genannten Ländern noch ein anderes giebt, das von vielen besucht worden ist; es liegt weit draußen im Meer (atlantischen Ozean) und wird Vinland genannt, weil dort von selber Weinranken wachsen, welche einen sehr guten Wein geben, wie denn dort auch sehr viel wildes Getreide wächst und zu diesen beachtenswerthen Worten fügt er hinzu: „Es ist dies keine vage Vermuthung, sondern wir haben das ausdrückliche Zeugniß der Dänen dafür, daß sich die Sache also verhält."

Adam von Bremens Werk kam im Jahre 1073 heraus und wurde von allen Gebildeten in ganz Europa gelesen. Ist es da anzunehmen, daß Columbus, der ein gelehrter Mann war und der ganz in seinen geographischen Studien aufging, besonders insofern sie von dem atlantischen Ozean handelten, — ein so wichtiges Werk nicht gekannt haben sollte?

Ich habe nicht weniger als fünf Gründe angeführt, die beweisen sollen, daß Columbus über das Vorhandensein Amerikas mit sich im Klaren gewesen ist, ehe er sich auf seine Entdeckungsreise begab; nämlich:

1. Gudrids Besuch in Rom.
2. Die Ernennung Erik Upsis zum Bischof von Vinland durch Papst Paschalis II.

3. Adam von Bremens Besprechung von Vinland in seinem 1073 veröffentlichten Buch.

4. Die Karte, welche den Pinzonen vom Vatikan verschafft wurde, ein Umstand, den mit Sicherheit nachzuweisen mir leider bis dahin noch nicht gelungen ist.

5. Die Krone des Ganzen, Columbus eigener Besuch auf Island im Jahre 1477.

Das sind bedeutungsvolle Thatsachen, und wenn man die Biographie des Columbus liest, bekommt man auch den Eindruck, daß er die feste Ueberzeugung hatte, daß dort im Westen Land existiren müsse. Er sagt selber, daß seine Ueberzeugung auf die Aussage gelehrter Skribenten begründet ist. Er erklärte, ehe er Spanien verließ, daß er, sobald er 700 Seemeilen zurückgelegt habe, Land zu finden hoffe. Er muß folglich die Breite des atlantischen Ozeans gekannt haben und muß außerdem eine ziemlich genaue Vorstellung von der Lage Vinlands und Groß-Irlands gehabt haben. Wenige Tage bevor er die neue Welt erblickte, gab er dem Drängen seiner meuterischen Mannschaft soweit nach, daß er gelobte, umzuwenden, falls nicht in drei Tagen Land in Sicht käme.

Die ganze Geschichte seiner Entdeckung von Amerika beweist, daß er entweder im voraus über das Vorhandensein des neuen Welttheils Kenntniß gehabt haben muß, oder daß er, wie freilich einige den Muth haben zu behaupten, inspirirt worden ist. Wir glauben nicht an dergleichen Inspirationen. Columbus ist in unseren Augen nur um desto größer, weil er sein Ziel durch eine Reihe logischer Schlußfolgerungen, auf Forschungen und Untersuchungen beruhend, erreicht hat. Wir glauben, daß er die Traditionen auf das sorgfältigste ergründete, die Plato von einer wellenumschlungenen Insel, Namens Atlantis, bewahrt hat; wir glauben, daß er gelesen, was Diodorus von den phönizischen Kaufleuten erzählt, die vom Sturm verschlagen, ein fruchtbares Land im Westen von Afrika fanden; wir glauben, daß er Adam von Bremen gelesen hat und daß er nicht Rast noch Ruhe finden konnte, bis er die gefahrvolle Reise nach Island antrat und aus dem eigenen Munde der Bewohner die Erzählungen von Vinland und Groß-Irland vernahm. Es ist Columbus' Ruhm, die Natur erforscht und die Schriften gelehrter Männer studirt zu haben; daß er genau acht gab auf Berichte der Seefahrer und sorgfältig alle die zerstreuten Nachrichten sammelte, welche man gewöhnlich in das eine Ohr hinein- und aus dem anderen wieder herausgehen läßt.

Washington Irving sagt: „Als sich Columbus einmal seine Anschauung gebildet hatte, hielt er auch mit seltener Energie an derselben fest. Er sprach sich niemals zaghaft oder unsicher darüber aus, sondern stets mit einer Ueberzeugung, als habe er das gelobte Land bereits gesehen." Wenn diese feste Ueberzeugung ausschließlich auf einer unbegründeten, rein persönlichen Anschauung beruht, müssen wir, trotz unseres Respektes vor seinem ausgezeichneten Biographen, die Behauptung aufstellen, daß Columbus kein Anrecht auf den großen Ruf von Scharfsinnigkeit und Gelehrsamkeit hat, den Washington Irving für ihn beansprucht. Wir glauben, daß es Columbus großem Namen nur zur Ehre gereichen kann, wenn wir nachweisen, daß er seine Ueberzeugung auf feststehende Thatsachen begründet hat, die zu erforschen er Geduld und Tüchtigkeit genug besaß, sowie daß es ihm nicht an Scharfsinn gebrach, diese Thatsachen zu kombiniren, und eben dadurch gewinnt die Entdeckung Amerikas durch die Nordländer eine historische Bedeutung.

Was wir Columbus zum Vorwurf machen, ist, daß er nicht offen und ehrlich genug war, zu sagen, woher seine Kenntniß von den Ländern stammte, die er finden wollte, und daß er sich zuweilen als ein vom Himmel erkorenes Werkzeug ausgab und daß er die Früchte seiner Arbeit der Inquisition zu gute kommen ließ.

Selbst wenn Columbus also unserer Auffassung nach kein so edler, wahrheitsliebender Mensch ist, wie der Leser bis dahin vielleicht geglaubt hat, stimmen wir doch mit der Anschauung überein, daß er ein ungewöhnlich tüchtiger Mann gewesen. Er hat sein Ziel durch unermüdliche Forschungen und Untersuchungen erreicht, nicht durch einen Zufall oder gar durch Inspiration. Man muß die großen Männer stets nach besten Kräften vor der Anschuldigung schützen, daß sie ihre Größe nur einem Zufall oder einer Inspiration verdanken, denn die Geschichte, insofern sie beweisen will, was menschlicher Scharfsinn und rühmliche Thatkraft ausrichten können, hat keine ärgeren Feinde als diese.

Daß sich die Kolonien der Spanier und anderer Völker in Amerika länger halten konnten als die der Nordländer, ist hauptsächlich der Ueberlegenheit zuzuschreiben, welche die Schußwaffen den Europäern über die Eingeborenen gaben. Die Nordländer hatten keine Schußwaffen, und die höhere Kultur, die sie besaßen, konnte sie nicht gegen die Schwärme der Wilden beschützen, die sie angriffen. Hierzu kommt noch, daß der schwarze Tod die Bevölkerung von Norwegen und Island derartig verminderte, daß die Auswanderung keine Nothwendigkeit mehr war, daß sogar bald die Möglichkeit einer Auswanderung aufhören mußte.

Hätte die Verbindung zwischen Vinland und dem Norden nur hundert Jahre länger aufrecht erhalten werden können, d. h. bis zur Mitte des fünfzehnten Jahrhunderts, so ist es nicht leicht zu beurtheilen, welche Folgen daraus hätten entstehen können. Die nordischen Kolonisten würden dann wahrscheinlich Wurzel geschlagen und Festigkeit gewonnen haben, und die Sprache, die Nationalität und die Sitten der Skandinavier würden wahrscheinlich eine ebenso bedeutende Rolle in Amerika gespielt haben, wie es heutzutage die der Engländer und ihrer Nachkommen thun.

XIX.

Es liegt außerhalb des Bereiches dieser Skizze, dies Thema noch eingehender zu behandeln. Wir wollen nur noch einmal an Leif Erikssön erinnern, an den ersten weißen Mann, der gen Westen ging, um Amerika zu finden. Wir wollen an seinen Bruder Thorwald Eriksfön erinnern, den ersten Europäer sowie den ersten Christen, der in amerikanischer Erde begraben ward! Auch Thorfin und Gudrid wollen wir nicht vergessen, die die erste europäische Kolonie in Neu-England gründeten, auch nicht ihren kleinen Sohn Snorre, den ersten Sprößling eines europäischen Stammes, der in der neuen Welt das Licht erblickte. Wir wollen Leif Eriksfön ein Denkmal errichten, das seiner und seiner That würdig ist, und aus dem Umstande, daß die Entdeckung von Amerika so lange in den Büchern der Isländer verborgen gelegen, die man erst nach und nach erforscht hat, wollen wir die Lehre ziehen, daß die Wahrheit, selbst wenn sie niedergeschlagen wird, doch wieder aufersteht, daß die Wahrheit oft lange Zeiten hindurch verborgen und verdunkelt werden kann, daß sie aber wie die Strahlen eines weit entfernten Sternes nach Verlauf von Jahrtausenden einen anderen Weltenkörper erreichen und demselben Licht bringen kann. Wir wollen, wie Davis sagt, Leif Eriksfön preisen für seinen Muth, ihn ehren für seine Energie und ihn achten um der Beweggründe willen, die ihn anspornten, denn er setzte seine ganze Kraft daran, die Grenzen der Welt zu erweitern. Er erreichte das gelobte Land, wo

> Des Westens milde Sonne
> Verbreitet Licht und Wonne
> Weit über Land und See
> Und manches Herz erfreuet.

Er erschloß den Weg zu neuen Ländern, wohin die lächelnde

Hoffnung ein Geschlecht nach dem anderen aus der alten Welt lockt.

Menschen wie ein Alexander oder Tamerlan siegen nur, um ein Land zu vernichten. Die Entdecker dagegen reihen neue, schöne Länder an die Kette derjenigen, die wir bereits besitzen.

Und sind nicht die kühnen Abenteurer, welche die salzige Tiefe durchfurchen, ebenso anziehend wie die Soldaten eines Alexanders, eines Napoleons, die ausziehen, um die Welt mit wallenden Federbüschen und blitzenden Waffen zu erobern?

Wer kann alle die Wohlthaten aufzählen, welche die Menschheit den Entdeckern verdankt?

Dazu gehörten tausend Zungen,
Kehlen von Erz und Riesenlungen!

Schluß.

Zum Schluß wollen wir noch folgende interessante Aufzeichnung über die Spuren der Skandinavier mittheilen, die wir Herrn Joseph Story Fay in Wood's Hall verdanken, und die wir das Vergnügen haben, mit Genehmigung des Autors unseren Lesern vorlegen zu dürfen. Wir schicken noch die Bemerkung voraus, daß der Name Hope in der Thorfin Karlsefni-Sage vorkommt, wo folgendermaßen geschrieben steht: „Karlsefni fuhr mit seinen Mannen in die Mündung des Flusses (Tauntonflusses) ein und sie nannten die Stätte Hóp (Mount Hope)". Hope stammt von dem isländischen Verb Hópa, weichen, sich zurückziehen, und bedeutet Bucht oder Flußmündung. Die Beschreibung des Ortes in der Sage stimmt genau mit der Mount-Hope-Bucht überein.

„Es steht fest, daß die Nordländer im zehnten Jahrhundert Amerika besuchten; sie kamen aus Grönland, segelten am Kap Cod vorbei, durch den Vineyard Sound bis zur Narragansett

Bay, wo sie sich aller Wahrscheinlichkeit nach niederließen. In der Gegend von Assonet und Dighton hat man Inschriften auf den Felsen gefunden, und die Tradition will wissen, daß es davon noch mehrere gegeben hat, die jetzt aber vernichtet sind. Es ist wohl anzunehmen, daß der Name Hope von diesen Skandinaviern herstammt, und es ist wunderbar genug, daß die Alterthumsforscher, welche die Namen an der Narragansett-Bucht von den Skandinaviern herleiteten, nicht auch an anderen Orten ihre Untersuchungen angestellt haben.

Isaac Taylor, der ein Werk über „Wörter und Oerter" geschrieben hat, macht darauf aufmerksam, wie fest Ortsnamen an den Stätten hängen, mit denen sie einmal verknüpft worden sind, und wie oft sie dazu dienen, ein Licht auf die Geschichte der entsprechenden Oerter zu werfen, wenn es an allen anderen Hülfsquellen gebricht. Er weist mit Hülfe noch existirender Namen und Entdeckungen darauf hin, wie die Kelten, Skandinavier und Sachsen sich über Nordeuropa verbreitet haben, und sagt: „Die Geschichte und die Wanderungen solcher Völkerstämme müssen mit Hülfe der Namen jener Orte erforscht werden, an denen sie einmal gewohnt haben, wo sie sich aber nicht mehr aufhalten, mit Hülfe der Namen jener Höhen, die sie befestigt, jener Flüsse, an denen sie sich niedergelassen, jener Berge die sie vor Augen gehabt haben. — Auf den Shetlands-Inseln sind alle Ortsnamen ohne Ausnahme norwegischen Ursprungs. Die Namen der Bauernhöfe enden auf — seter oder ster, und die Hügel heißen — hoy oder — holl. Aber, fügt er hinzu, „der Name ‚Grönland' ist der einzige, der uns an die Kolonien der Skandinavier in Amerika während des zehnten Jahrhunderts erinnert." Der Verfasser würde kaum diese Ausnahme der vollkommen richtigen Regel aufgestellt haben, die er hier anführt, wenn er daran gedacht hätte, daß die Nordländer die Südküste von Amerika Vinland nannten, und wenn er gewußt hätte, daß wir noch heutigen Tages einen Ort dort Martins oder Marteas Vineyard (Vingaard) nennen. Wäre er am Kap Cod gewesen und wie die Nordländer um Monomoy Point, den südöstlichen Punkt des Vorgebirges, herumgesegelt, um so in den Vineyard Sound zu gelangen, so würde er zur Rechten eine hohe Sand= bank erblickt haben, auf welcher oder neben welcher sich der Leuchtthurm erhebt, und die man Powder Hole nennt; fünf Meilen von dort entfernt, jenseits des Sundes, zur Linken, würde er die Höhen gesehen haben, welche jetzt Oak Bluffs heißen und am Fuße derselben eine tiefe Bucht, welche lange Zeit den Namen Holme's Hole getragen hat, und etwas weiter westlich würde er zu den Höhen gelangt sein, die den süd= westlichsten Punkt des Vorgebirges bilden und in deren Schutz sich die malerische Bucht Wood's Hole ausdehnt.

Fährt man von dort weiter zu der Narraganfett Bay an der Südküste von Naushon entlang, so erblickt man an dem westlichen Ende dieser Insel einige Landspitzen, die sich nach einem Ankerplatz für kleinere Fahrzeuge zu abflachen, und von dort führt ein Sund Namens Robinson's Hole in die Buzzard's Bay. Die nächste Insel, zu der man gelangt, ist Pasque und zwischen den hohen Hügeln derselben und denen von Nashawena erstreckt sich ein Sund, welcher Quick's Hole genannt wird. Die einzige Aehnlichkeit, die zwischen allen diesen Orten besteht, ist, daß sich überall in ihrer Nähe hohe Berge befinden, die zum Erkennen der Küste dienen. Es unterliegt keinem Zweifel, daß das Wort „Hole" Loch, Höhle bedeutet und in diesem Sinne auf keinen von den genannten Orten paßt, die Bezeich= nung Höhe, Hügel dagegen paßt auf die benachbarten Höhen, die ihnen allen gemeinsam sind.

Es könnte den Anschein haben, als stände hiermit im Widerspruch, daß man auf der Karte südlich von Powder Hole oder Monomoy Point zwischen Handkerchief Shoal und Pollock

Rip einen Ort unter dem Namen Butter's Hole aufgeführt findet, obwohl es dort in Wirklichkeit nicht die geringste Höhe, ja nicht einmal Land giebt. Hiergegen muß ich jedoch bemerken, daß dort noch vor nicht gar langer Zeit Land vorhanden war, welches von demselben starken Sturm fortgeschwemmt wurde, der fast den ganzen Hafen von Powder Hole zuschüttete und denselben seicht und unbrauchbar machte und der noch heute große Baumwurzeln und dergleichen mehr an die Küste spült. Wenn man diese Thatsache in Erwägung zieht, ist die Annahme kaum gewagt zu nennen, das Butter's Hole einen Ort bezeichnet, an dem sich einstmals eine Insel mit einem Vorgebirge befand, das die Norweger „hóll" nannten und das von derselben mächtigen Naturkraft aus dem Wege geräumt wurde, durch welche Pollock Rip viele Meter nach Osten hin gerückt ward, und die in jedem Jahre in der Nähe von Nantucket und Kap Cod Untiefen bildet und dieselben wieder verlegt.

Die Annahme liegt nahe, daß die Skandinavier, wenn sie nach ihren langen und oft rauhen Reisen im Vineyard Sound mit seinem stillen Wasser und den guten Ankerplätzen angelangt waren, sich hier niederließen, um zu rasten, bevor sie nach Westen weitergingen; oder auch, daß sie auf der Rückkehr hier Halt machten, um sich mit Lebensmitteln zu versehen, ehe sie sich wieder auf das offene Meer hinaus wagten. Es wird ja auch in ihren Sagen erzählt, wie sie ganze Schiffsladungen voller Trauben von diesen gastfreien Küsten in die Heimath mitbrachten. Was liegt da näher als daß sie freundlichen Verkehr mit den Eingeborenen gepflegt und, nachdem sie es gelernt, sich mit ihnen zu verständigen, ihnen mitgetheilt haben, mit welchen Namen sie die Höhen und Vorgebirge an ihrer Küste zu bezeichnen pflegten, und daß dann die Indianer in ihrer Sprache den Namen „hóll" aufnahmen, den sie von den Nordländern zur Bezeichnung der hohen Punkte benutzen hörten, welche für diese zum Erkennen der Küste von so ungeheurer Wichtigkeit waren? Frägt man alte Leute in Wood's Hole, woher das Wort Hole stammt, so erhält man die Antwort, daß sie stets gehört haben, es sei indianischen Ursprungs.

Die hier aufgestellte Anschauung gewinnt dadurch an Wahrscheinlichkeit, daß sich das Wort Hole nirgends innerhalb oder außerhalb Amerikas in den Ansiedelungen der Engländer als Ortsbezeichnung findet, während es hier, wo die kühnen, norwegischen Seeleute gehaust haben, auf nicht weniger als fünf Stellen vorkommt und zwar in einer Ausdehnung von nur fünfzehn Meilen. Kann diese Erscheinung auf andere Weise erklärt werden, als dadurch, daß wir hier eine Spur der Skandinavier vor uns haben? Es ist nicht wahrscheinlich, daß sie mit ihren im Verhältniß zu den Schiffen der Jetztzeit unvollkommenen Fahrzeugen von Grönland bis Narragansett Bay, wo sie deutliche Spuren hinterlassen haben, gesegelt sein sollten, ohne Rast zu halten an den Küsten, die auf ihrem Wege lagen, wo sie Weintrauben und Getreide fanden und die damals ebenso lieblich und lächelnd gewesen sein müssen wie heute. Es wäre wünschenswerth, daß die oben angeführten Ortsnamen am Vineyard Sound, die wahrscheinlich die ältesten Ortsnamen in Amerika sind, bestehen blieben als Zeugniß davon, daß Massachusetts der erste amerikanische Staat ist, der entdeckt und kolonisirt wurde.

Anmerkungen.

[1] Tyrker.

[2] Adam von Bremen.

[3] Der Marmorlöwe von Piräus wurde später nach Venedig geführt und am Eingang des Arsenals aufgestellt, wo derselbe noch heute zu sehen ist.

[4] Dies Schiff hieß „Der Wurm" und war von dem Schiffsbaumeister Thorberg gebaut, der als solcher einen bedeutenden Namen in den Jahrbüchern des Nordens hat. Hakon Jarl hatte ein Segelschiff mit 24 Ruderfitzen, König Knud eines mit 60 und König Olaf der Heilige

besaß zwei Schiffe, deren jedes 200 Mann führen konnte. Die nordischen Segelschiffe glitten so leicht und zierlich über das Wasser dahin wie Enten oder Schwäne, denen sie auch in der Form glichen.

⁵ Veröffentlicht in Christiania 1860—68.

⁶ Jarl bedeutet Herzog. (Engl. Earl).

⁷ Dieser See ist die Mount Hope Bay. Wer dort heutzutage mit der Eisenbahn vorüberfliegt, glaubt auch, daß er einen See vor sich liegen sieht.

⁸ Vorgebirge des Kreuzes.

⁹ Columbus Vol. I., p. 59.

Verlag von **J. F. Richter** in Hamburg.

In den früheren Jahrgängen der „Sammlung" erschienen:

Geschichte.
(25 Hefte, wenn auf einmal bezogen à 50 Pf. = 12,50 Mark.)

Beheim-Schwarzbach, Die Besiedelung von Ostdeutschland durch die zweite germanische Völkerwanderung. (393/394)............ M. 1.20
Bergau, Das Ordenshauptthaus Marienburg in Preußen. (133)..... —.60
Bluntschli, Die Gründung d. amerikan. Union von 1787. 2. Aufl. (54) —.60
Boesch, Heinrich I. und Otto I. (132)........................ —.60
Ezekelius, Ein Bild aus d. Gegenreformation i. Siebenbürgen. (465) —.80
Denicke, Von der deutschen Hansa. (456)..................... —.80
Dondorff, Die Normannen und ihre Bedeutung für das europäische Kulturleben im Mittelalter. (225)........................... —.75
Essellen, Das Varianische Schlachtfeld im Kreise Beckum. Mit einer Karte. (266)... 1.—
Häußner, Unsere Kaisersage. (110)........................... 1.—
Heyel, Die Stellung Friedrich d. Großen zur Humanität i. Kriege. (161) —.60
Heydenreich, Livius und die römische Plebs. Ein Bild römischer Geschichtsschreibung. (401).................................. 1.—
Isaac, Amy Robsart und Graf Leicester. Ein Kriminalfall des XVI. Jahrhunderts. (389).. —.80
Justi, Ein Tag aus dem Leben des Königs Darius. (178)......... —.75
Lehmann, Pommern zur Zeit Ottos von Bamberg. (299)......... —.75
v. Löher, Cypern in der Geschichte. (307).................... 1.—
Müller, Die Beherrscher der Gläubigen. (406)................. 1.—
Schreiber, Die Reformation in Pommern. (351)................ 1.—
Schroeder, Die niederländischen Kolonien in Norddeutschland zur Zeit des Mittelalters. Mit einer Karte. (347)...................... 1.—
Schulze, Das alte Rom als Großstadt und Weltstadt. (302)...... —.75
Sepp, Kaiser Friedrich I. Barbarossa's Tod und Grab. (330).... 1.—
Stark, Aus dem Schatze des Tantalus und Krösus. Mit einer Karte und einer Lithographie. (147/148)............................ 1.80
Twesten, Die Zeit Ludwig XIV. (121)........................ —.60
Winckler, Krönung Karls des Großen zum römischen Kaiser. (325) —.75

Geographie.
(22 Hefte, wenn auf einmal bezogen à 50 Pf. = 11 Mark.)

Bastian, Mexiko. 2. Aufl. (62)............................... M. —.75
v. Boguslawski, Die Tiefsee und ihre Boden- und Temperatur-Verhältnisse. Mit einer Tiefenkarte der Oceane der Erde und sechs Diagrammen im Texte. (310/311)........................... 1.80
Buchheister, Eine wissenschaftliche Alpenreise im Winter 1882. (N. F. 4) —.60
Buchholz, Land und Leute in Westafrika. (257)............... 1.—
Engel, Das Sinnen- und Seelenleben d. Menschen unter d. Tropen. (206) —.75
—, Nacht und Morgen unter den Tropen. (210)................ 1.—
v. Hochstetter, Der Ural. (181)............................. 1.—
Jordan, Die geographischen Resultate der von G. Rohlfs geführten Expedition in die libysche Wüste. Mit einer Karte. (218)...... 1.20
Kögler, Tirol als Gebirgsland. Streiflichter auf Vergangenheit und Gegenwart. (384).. —.60
Koner, Ueber die neuesten Entdeckungen in Afrika. (69/70)...... 1.20
Meyer, A. B., Die Minahassa auf Celebes. (262)............... —.60
Neuhaus, Die Hawaii-Inseln. (N. F. 9)....................... 1.—

Verlag von J. F. Richter in Hamburg.

Neumayr, Zur Geschichte des östlichen Mittelmeerbeckens. (392) ..... M. —.60
Andebeck, Entwickelungsgang der Grabmessungs-Arbeiten und gegenwärtiger Stand der europ. Grabmessung. Mit einer Uebersichts-Karte der deutschen Grabmessungs-Arbeiten. (258) .... „ 1.40
v. Seebach, Central-Amerika und der interoceanische Canal. Mit einer Karte von Central-Amerika. (183) .... „ 1.—
Treutlein, Die Durchquerungen Afrikas. Mit einer Karte. (133/434) „ 2.—
Wagner, Die Veränderungen der Karte von Europa. (127) .... „ —.60
Wattenbach, Algier. 2 Abz. (35) .... „ 1.—
v. Zittel, Das Wunderland am Yellowstone. (168) .... „ —.60

Das einige Italien.
Kurze populäre Zeitgeschichte
von der französischen Revolution bis zur Bildung des einigen Königreiches
Von Siro Corti.
Preisgekrönt vom italienischen Unterrichtsministerium
Autorisirte Uebersetzung von M. Bernardi.
Mit den Porträts von Victor Emanuel, Humbert I., Garibaldi und Cavour.
8°, elegant broschirt, Preis 3 M.

Die Venetianer.
Geschichte und Privatleben.
Von der Gründung bis zum Verfall der Republik.
Von Ph. G. Molmenti.
Autorisirte Uebersetzung von M. Bernardi.
8°, elegant broschirt, Preis 5 M.

Geschichte des Osmanischen Reiches in Europa.
Von der frühesten bis auf unsere Zeit.
Für weite Kreise dargestellt.
Von Friedr. W. Ebeling.
I. Theil. 2. verb. und verm. Auflage. Preis 3 M.

Blätter zur Erinnerung
an den
Zweihundertjährigen Jahrestag des Edikts von Nantes.
Die Réfugiés.
Von Otto Wedekind.
Gr. 8°, elegant broschirt, Preis 2 M.

Kulturgeschichte und Alterthumswissenschaft.
(Fortsetzung von Seite 2 dieses Umschlages.)

Die Alpen im Lichte verschiedener Zeitalter (274) M. 1; **Friedel**, Aus der Vorzeit der Fischerei (441/442) M. 1.20; **Gerland**, Die Dampfmaschinen im achtzehnten Jahrhundert in Deutschland. Mit 5 Holzschnitten. (N. F. 46) M. 1; **Gmelin**, Christensklaverei und Renegatenthum unter den Völkern des Islam (190) 60 ₰; **Goetz**, Altnordisches Kleinleben und die Renaissance (N. F. 8) 80 ₰; **Gravenhorst**, Die Entwickelungsphasen des religiösen Lebens im hellenischen Alterthum (370) 60 ₰; **Hagen**, Ueber elementare Ereignisse im Alterthum (454) M. 1; **Haupt**, Staat und Kirche vor 800 Jahren (292) 75 ₰; **Heyer**, Die Ausbildung der Priesterherrschaft und die Inquisition (280) M. 1; **Hoffmann**, Aus der Kulturgeschichte Europas (Pflanzen und Thiere) (348) M. 1; **Hoffmann**, Der Einfluß der Natur auf die Kulturentwickelung der Menschen (464) 75 ₰; **Holtmann**, Die Ansiedelung des Christenthums in Rom (198) 75 ₰; **von Huber-Liebenau**, Das deutsche Zunftwesen im Mittelalter (312) 75 ₰; **von Huber-Liebenau**, Das deutsche Haus zur Zeit der Renaissance (386) 60 ₰; **Jordan**, Die Kaiserpaläste in Rom. 2. Abz. (65) 60 ₰; **Keller**, Die cyprischen Alterthumsfunde (363) 60 ₰; **Kinkel**, Englische Zustände in der Mitte des achtzehnten Jahrh. (365) 75 ₰; **Mandl**, Das Sklavenrecht des alten Testamentes (N. F. 23) 80 ₰; **Mannhardt**, Klytia (239) M. 1; **Marggraff**, Die Vorfahren der Eisenbahnen und Dampfwagen. Mit 20 in den Text gedruckten Abbildungen (435/436) M. 1.60; **Mehlis**, Der Rhein und der Strom der Kultur in Kelten- und Römerzeit. Mit einer Karte des Rheinthales (259) M. 1.40; **Mehlis**, Der Rhein und der Strom der Kultur im Mittelalter. Mit einer Karte des Rheinthales (um 1300) (286/287) M. 1.60; **Mehlis**, Der Rhein und der Strom der Kultur in der Neuzeit (328) M. 1; **Meyer, J. B.**, Volksbildung und Wissenschaft in Deutschland während der letzten Jahrhunderte. 3. Aufl. (14) M. 1; **Meyer, Dr. L.**, Die römischen Katakomben (387/388) M. 1.20; **Meyer, Dr. L.**, Tibur. Eine römische Studie (413/414) M. 1.40; **Möller**, Ueber das Salz in seiner kulturgeschichtlichen und naturwissenschaftlichen Bedeutung (206) 75 ₰; **Moser**, Die Stenographie nach Geschichte und Wesen (N. F. 26) M. 1; **Nippold**, Aegyptens Stellung in der Religions- und Kulturgeschichte. 2. Aufl. (82) 60 ₰; **Nissen**, Pompeji. 2. Aufl. (37) 75 ₰; **Nover**, Bedeutung und Forschung germanischer Mythologie (354) 60 ₰; **Oppenheimer**, Ueber den Einfluß des Klimas auf den Menschen. 2. Aufl. (30) 75 ₰; **Osenbrüggen**, Land und Leute der Urschweiz. 2. Aufl. (6) 75 ₰; **Osenbrüggen**, Die Schweiz in den Wandlungen der Neuzeit (252) 75 ₰; **Petersen**, Das Zwölfgöttersystem der Griechen und Römer nach seiner Bedeutung, künstlerischen Darstellung und historischen Entwickelung (99) 60 ₰; **Pfotenhauer**, Die Gifte als bezaubernde Macht in der Hand des Laien (209) M. 1; **Poelchau**, Das Bücherwesen im Mittelalter (377) 75 ₰; **Reinsch**, Stellung und Leben der deutschen Frau im Mittelalter (399) 75 ₰; **Richter**, Wahrheit und Dichtung in Platon's Leben (N. F. 15) 60 ₰; **v. Rittershain**, Die Reichspost der römischen Kaiser (339) 60 ₰; **Saalfeld**, Küche und Keller im Alt-Rom (417) M. 1; **Schaefler**, Das Reich der Ironie in kulturgeschichtlicher und ästhetischer Beziehung (332/333) M. 1.80; **Schmidt**, Die ältesten Spuren des Menschen in Nordamerika. Mit 8 Abbildungen. (N. F. 38/39) M. 1.20; **Schrader**, Die älteste Zeittheilung des indogermanischen Volkes (296) M. 1; **Schubert**, Zählen und Zahl. Eine kulturgeschichtliche Studie (N. F. 37) 80 ₰; **Stade**, Ueber den Einfluß des Klimas und die geographischen Verhältnisse auf die Bauthätigkeit der Menschheit (N. F. 43) 80 ₰; **Stern**, Die Socialisten der Reformationszeit (421) 75 ₰; **Stricker**, Die Amazonen in Sage und Geschichte. 2. Aufl. (61) 75 ₰; **Stricker**, Die Feuerzeuge (199) 75 ₰; **Virchow**, Ueber Hünengräber und Pfahlbauten (1) 75 ₰; **Virchow**, Die Urbevölkerung Europas (193) M. 1; **Votich**, Cajus Marius als Reformator des römischen Heerwesens (N. F. 6) M. 1; **Volz**, Das rothe Kreuz im weißen Felde (47) 60 ₰; **v. Waldbrühl**, Naturforschung und Hexenglaube. 2. Aufl. (46) 75 ₰; **Wasmansdorf**, Trauer um die Todten bei den verschiedenen Völkern (457) M. 1; **Wernher**, Die Armen- und Krankenpflege der geistlichen Ritterorden in früherer Zeit (213) M. 1; **Winckler**, Die deutschen Reichskleinodien (154) 75 ₰; **Wlislocki**, Zur Volkskunde der transsilvanischen Zigeuner (N. F. 36) 80 ₰; **Zimmermann**, Der kulturgeschichtliche Werth der römischen Inschriften (N. F. 48) 80 ₰.

Abonnements-Einladung.

Die Jury der „Internationalen Ausstellung von Gegenständen für den häuslichen und gewerblichen Bedarf zu Amsterdam 1869" hat diesen Vorträgen die „Goldene Medaille" zuerkannt.

Sammlung
gemeinverständlicher wissenschaftlicher Vorträge

herausgegeben von

Rud. Virchow   **Fr. von Holtzendorff.**

☞ **Neue Folge. — Dritte Serie.** ☜

(Heft 49—72 umfassend.)

☞ **Im Abonnement jedes Heft nur 50 Pfennig.** ☜

Zu dieser zweiten Serie der neuen Folge werden, vorbehaltlich etwa nothwendiger Abänderungen erscheinen:

Anderson (Vereinigte Staaten), Die erste Entdeckung von Amerika. Eine historische Skizze der Entdeckung Amerikas durch die Skandinavier. Autorisirte Uebersetzung von Mathilde Mann.
Schmidt (Großlichterfelde), Lord Byron im Lichte unserer Zeit.
Jordan, Dr. (Berlin), Goethe — und noch immer kein Ende. Kritische Würdigung der Lehre Goethe's von ' . M-t-morphose der Pflanze.
Geise (Kiel), Die Reblausgefahr.
Ethé (Aberystwith), Die mystische, didaktische und lyrische Poesie und das spätere Schriftthum der Perser.
Bezold (München), Ueber die Adamsfrage im Morgen- und Abendland.
Engel (Berlin), Auf der Sierra nevada da Mérida.
Cornill (Königsberg), Entstehung des Volkes Israel und seine nationale Organisation.
Brunner (Zürich), Dr. Johannes Conrad Brunner. Das Leben eines berühmten Schweizer Arztes im 17. Jahrhundert.
Eyssenhardt (Hamburg), Die Verschwörung gegen Venedig.
Hetzel (Heinersdorf), Leiden und Thaten der Frauen im Kriege.
Stengel, Die Anfänge der Sprache.
Hoffmann (Gera), Der Sinn für Naturschönheiten in alter und neuer Zeit.
Fürst (Leipzig), Das Sterilisiren und Pasteurisiren der Kindernahrung.
Richter (Hattingen), Die Auflösung des Karolingischen Reiches und die Gründung dreier selbständiger Staaten. Festschrift zum tausendjährigen Bestehen des Deutschen Reiches.
von Wlislocki (Mühlbach), Zur Volkskunde der Siebenbürger Sachsen.
Sprenger (Heidelberg), Muhamed.
Bernardi (Genf) Camillo Cavour.
Mühlhausen (Hamburg), Geschichte des Grimmschen Wörterbuches.
Eucken (Jena), Das Wesen der Nationalitäten.
Ney (Speyer), Der Reichstag zu Speyer im Jahre 1526.
Junghann (Kassel), Abwechselung in der bildenden Kunst.